U0450331

国家社会科学基金项目资助

公共警告利害关系人权益保障研究

王芳 著

中国社会科学出版社

图书在版编目（CIP）数据

公共警告利害关系人权益保障研究／王芳著. —北京：中国社会科学出版社，2022.9

ISBN 978-7-5227-0759-4

Ⅰ.①公… Ⅱ.①王… Ⅲ.①行政行为—关系—公民权—权益保护—研究—中国　Ⅳ.①D921.04

中国版本图书馆 CIP 数据核字（2022）第 142628 号

出 版 人	赵剑英
责任编辑	许　琳
责任校对	李　硕
责任印制	郝美娜

出　　版	中国社会科学出版社
社　　址	北京鼓楼西大街甲 158 号
邮　　编	100720
网　　址	http://www.csspw.cn
发 行 部	010-84083685
门 市 部	010-84029450
经　　销	新华书店及其他书店
印刷装订	北京市十月印刷有限公司
版　　次	2022 年 9 月第 1 版
印　　次	2022 年 9 月第 1 次印刷
开　　本	710×1000　1/16
印　　张	12.75
插　　页	2
字　　数	172 千字
定　　价	78.00 元

凡购买中国社会科学出版社图书，如有质量问题请与本社营销中心联系调换

电话：010-84083683

版权所有　侵权必究

目 录

第一章 公共警告利害关系人权益保障的基础理论 …………（1）
 第一节 作为"助推"方式的公共警告 ………………………（1）
  一 公共警告的概念界定 ……………………………………（2）
  二 公共警告的性质 …………………………………………（6）
  三 公共警告的分类 …………………………………………（8）
  四 公共警告的现实价值 ……………………………………（11）
  五 公共警告需要适度运用 …………………………………（17）
 第二节 公共警告利害关系人概述 …………………………（22）
  一 公共警告利害关系人的概念界定 ………………………（22）
  二 公共警告利害关系人的范围和分类 ……………………（28）
  三 公共警告利害关系人的特点 ……………………………（31）
 第三节 公共警告利害关系人权益保障的理论基础 …………（33）
  一 国家安全保障责任理论 …………………………………（33）
  二 公平正义理论 ……………………………………………（35）
  三 人权保障理论 ……………………………………………（36）
  四 行政裁量收缩论 …………………………………………（37）

第二章 中国公共警告利害关系人权益保障的实践及其不足 ……（41）
 第一节 中国公共警告利害关系人权益保障的现状 …………（41）

一　公共警告利害关系人权益保障基本有法可依 ………… (42)
　　二　公众的生命健康权得到一定程度的保障 ……………… (44)
　　三　特定利害关系人权益的保障力度不断提高 …………… (45)
第二节　中国公共警告利害关系人权益保障的不足 …………… (46)
　　一　违法发布的公共警告侵害利害关系人权益 …………… (47)
　　二　公共警告发布不当导致利害关系人权益受损 ………… (53)
　　三　公共警告不作为导致公众利益受损 …………………… (58)

第三章　中国公共警告利害关系人权益保障不足的成因 ……… (64)
第一节　风险的特性加大了正确发布公共警告的难度 ………… (64)
　　一　风险的潜在性 …………………………………………… (65)
　　二　风险的不确定性 ………………………………………… (65)
　　三　风险的知识依赖性 ……………………………………… (67)
　　四　风险的社会建构性 ……………………………………… (67)
第二节　公共警告中的多元利益关系 …………………………… (69)
　　一　公共警告中的多元利益关系 …………………………… (69)
　　二　多元利益关系使公共警告发布决定的作出变得复杂 … (70)
第三节　公共警告裁量权较大 …………………………………… (71)
　　一　公共警告发布主体的裁量权较大 ……………………… (71)
　　二　较大的裁量权容易导致公共警告权的滥用 …………… (73)
第四节　中国公共警告利害关系人权益保障的法治化程度
　　　　较低 ……………………………………………………… (73)
　　一　中国公共警告利害关系人权益的实体法保障有限 …… (74)
　　二　中国公共警告利害关系人权益的程序法保障缺失 …… (75)
　　三　中国公共警告利害关系人权益的救济法保障不足 …… (77)

第四章　中国公共警告利害关系人权益的实体法保障 ………… (78)
第一节　规范公共警告的发布主体和权限 ……………………… (78)

  一　中国公共警告发布主体和权限的主要立法规定 ……… (78)
  二　中国公共警告发布主体和权限的立法缺陷 ………… (81)
  三　公共警告发布主体和权限的立法完善………………… (83)
 第二节　明确公共警告的适用条件 ……………………………… (91)
  一　中国公共警告适用条件规定的反思 ………………… (91)
  二　国外公共警告适用条件的借鉴………………………… (92)
  三　完善公共警告的适用条件……………………………… (96)
 第三节　规范公共警告发布的内容 …………………………… (102)
  一　中国关于公共警告内容的立法缺陷 ……………… (102)
  二　公共警告发布内容的立法完善……………………… (103)

第五章　中国公共警告利害关系人权益的程序法保障 ………… (109)
 第一节　公共警告中多元主体的有效参与 …………………… (109)
  一　多元主体参与公共警告的价值 …………………… (110)
  二　中国多元主体参与公共警告的困境 ……………… (114)
  三　完善多元主体参与公共警告的路径 ……………… (118)
 第二节　运用时空要素规范公共警告权 ……………………… (126)
  一　运用时空要素规范公共警告权的必要性 ………… (126)
  二　规范公共警告的发布时限 ………………………… (127)
  三　规范公共警告发布的空间范围 …………………… (131)

第六章　中国公共警告利害关系人权益的救济法保障 ………… (133)
 第一节　公共警告的可诉性 …………………………………… (134)
  一　公共警告纠纷在司法实践中的受理现状 ………… (134)
  二　公共警告应具有可诉性 …………………………… (138)
 第二节　公共警告案件原告资格的范围 ……………………… (150)
  一　立法对于行政诉讼原告资格的限定仍然过严 …… (150)
  二　扩大公共警告案件原告资格的范围 ……………… (152)

第三节　公共警告案件的司法审查方法 …………………（156）
　　一　行政法基本原则的运用 ………………………………（157）
　　二　对推理过程进行审查 …………………………………（162）
第四节　公共警告案件的举证责任与裁判方式 ……………（164）
　　一　公共警告案件的举证责任 ……………………………（164）
　　二　公共警告案件的裁判方式 ……………………………（169）

结　　论 ………………………………………………………（172）

参考文献 ………………………………………………………（176）

后　　记 ………………………………………………………（199）

第一章

公共警告利害关系人权益保障的基础理论

清晰、准确地厘清有关核心概念,这是研究的逻辑起点。公共警告不同于一般行政行为,不能简单地套用一般行政行为利害关系人权益保障的制度逻辑。本章主要论证公共警告利害关系人权益保障的基础理论。作为研究公共警告利害关系人权益保障的基础,为本书第二、三、四、五、六章所论证的为什么需要对公共警告利害关系人权益进行保障以及如何进行具体保障提供法理支撑。本章论述了作为"助推"方式的公共警告、公共警告利害关系人的概述、公共警告利害关系人权益保障的理论基础等问题。

第一节 作为"助推"方式的公共警告

公共警告在实践中得到了广泛的运用,然而,作为一种未型式化行为,公共警告并没有得到理论界和立法机关的足够重视。在风险频发的当下,理论界迫切需要在法学理论和制度层面对其进行系统的建构。本节借助于"助推"(Nudging)理论,将公共警告归为"助推"的一种方式进行论证。本节主要论证公共警告的基础理论问题,包括公共警告的概念、性质、分类、现实价值以及适度运用等问题。目前,学界对这些问题的认识仍然存在较大的分歧,因而有必要进一步深入探讨。

一 公共警告的概念界定

作为一种"助推"方式,公共警告在风险规制实践中的广泛运用与风险的频繁发生密切相关。人类已进入风险社会①,各种自然灾害、产品质量、食品药品安全等事故频繁发生,给人类的生存和发展造成严重危害。最近路易斯·哈里斯经过调查,发现近五分之四的受访者认为,人们现在面临的风险比20年前更多。② 然而,个人很难独自有效地应对风险,人类所面临的高风险需要积极作为的政府。③

阿尔文·托夫勒在《未来的冲击》中指出,许多国家应对突发事件的经验是建立健全预警机制。④ 多年来,传统的命令控制型规制手段因频繁失灵和效率低下而受到学界的批评,⑤ 规制理论在经历了从命令控制型模式向激励模式的转变后,仍然没有彻底解决规制失灵问题,而近些年助推理论的兴起,意味着一种新型规制模式的来临。美国理查德·塞勒和卡斯·桑斯坦合著的《助推:如何做出有关健康、财富与幸福的最佳决策》一书,提出借助"助推"理论指导政府如何运用政策来引导人们做出决策。"助推"是指政府不采用强制的方式,而是通过预言的方式改变人们的选择或改变他们的经济动机及行为,而且人们很容易避免其产生的副作用。⑥ 当人们面对选择时,"助推"可以帮助人们做出更有利的选择,而不影响人们的自由。⑦ 塞勒因其关于助推理论的研究而获得诺贝尔经济学奖,这引起了学界对助推理

---

① [德] 乌尔里希·贝克:《风险社会》,何博闻译,译林出版社2004年版,第15页。
② 参见金自宁《风险规制与行政法》,法律出版社2012年版,第54页。
③ 参见杨春福《风险社会的法理解读》,《法制与社会发展》2011年第6期。
④ 参见 [美] 阿尔文·托夫勒《未来的冲击》,蔡伸章译,中信出版社2006年版。
⑤ [美] 奥利·洛贝尔:《作为规制治理的新治理》,宋华琳、徐小琪译,载冯中越主编《社会性规制评论》第2辑,中国财政经济出版社2014年版,第127—145页。
⑥ 参见 [美] 理查德·塞勒、卡斯·桑斯坦《助推:如何做出有关健康、财富与幸福的最佳决策》,刘宁译,中信出版集团2018年版,第7页。
⑦ Thaler R. H., Sunstein C. R, *Nudge: Improving Decisions about Health, Wealth, and Happiness*, New Haven: Yale University Press, 2008.

论的更多关注。最近几年来，助推理论已经逐渐受到一些国际组织和国家的重视，并在公共政策领域得到应用。公共警告属于"助推"的一种方式，更准确地说属于"教育助推"，它通过提醒公众有关风险，促使其进行有效判断并选择适当的行为。公共警告具有较灵活、低成本等优势，可以有效保障公众风险信息知情权的实现，在保障公众权益免受风险侵害方面效果突出。

从世界范围来看，许多国家（地区）、国际组织已经在风险规制实践中运用了公共警告，基本建立了公共警告（或者与之功能相同或相似）制度。其中，德国的公共警告理论和制度发展都相对比较成熟。德国学者毛雷尔对公共警告的概念进行了界定，他认为，公共警告是政府部门公开发布的声明，提示居民注意特定的工商业或者农业产品，或者其它现象。[①] 在日本，与公共警告比较相似的概念是"公布违反事实"[②]。在美国，公共警告通常在"不利机关宣传"（adverse agency publicity）下讨论，也可以翻译为"负面信息披露"或"不利信息宣传"，是指"行政机关采取的通过引起公众对行政行为的注意从而使信息发布所针对的主体受到不利影响的积极措施"[③]。学者们在讨论公共警告和"不利机关宣传"时的侧重点不同，但它们的核心含义是相似的。虽然各国对公共警告的称谓不尽一致，但其实质意义基本相同，许多学者比较认同德国毛雷尔提出的"公共警告"的定义。

目前，公共警告在中国食品安全、公共卫生、产品质量等与公众生活密切相关领域都有不同程度的运用。在《突发事件应对法》《食品安全法》《传染病防治法》以及《消费者权益保护法》等立法中都

[①] 参见［德］哈特穆特·毛雷尔《行政法总论》，高家伟译，法律出版社2000年版，第393页。

[②] 日本法上的"公布违反事实"，是指相对人有义务不履行或者对于行政指导不服从时，将该事实向一般公众公布。参见［日］盐野宏《行政法》，杨建顺译，法律出版社1999年版，第173页。

[③] Ernest Gellhorn, "Adverse Publicity By Administrative Agencies", 86 *Harvard L. Rev.* 1380 (1973).

有公共警告的规定，尽管公共警告在不同法律规范中的表述不同。例如，中国《食品安全法》（2021年修正）第22条明确规定了食品安全"风险警示"。再如，《广东省食品安全条例》（2019年修正）第51条明确规定发布消费警示，告知消费者停止购买或者食用不安全食品。在实践中，公共警告的表现形式也多种多样，例如，"风险警示""风险公告""消费警示""行政警示""安全信息公布"等。此外，学者们在提及"公告违法行为""行政公告""违法事实公布""黑名单"等时也经常涉及"公共警告"的核心含义。

基于不同国家的法制传统、语言翻译以及研究视角等方面的差异，公共警告在不同国家的表现形式和具体表述可能不尽一致，有的概念存在一定程度上的交叉、包含，但其主要行为模式、功能、价值目标等方面在实质上是大同小异的。因此，我们不应拘泥于概念的具体表达方式，而应注重对不同国家功能意义上相同或相似事物的研究，"对那些可以完成相同任务、相同功能的事物进行比较"[①]。这种相同或相似事物之间的比较或许有更大的借鉴意义。

然而，不得不承认的是，由于各国概念名称表述不一致，使用时容易造成语义混乱，这大大增加了研究的难度。因此，为了便于研究，应在一定范围内保持概念名称表述的相对统一性。但是，究竟选择使用哪一个概念术语，我们需要考量哪个概念更符合制度的目的，更符合实践，更有利于制度本身发挥作用。鉴于中国大陆公法学受德国公法学的影响非常大，而"公共警告"术语的使用在德国已基本定型。本书认为，在向社会公众提供风险信息以警示风险时，使用"公共警告"为宜，其他术语的含义可能过广或过窄。因此，本书在借鉴德国毛雷尔对公共警告概念界定的基础上，认为公共警告是指有权发布主体公开发布信息，提醒公众注意某些行为、物等可能具有危害性。

在理解公共警告的概念时，需注意公共警告一般运用在食品安全、

---

① 参见[德]K.茨威格特、H.克茨《比较法总论》，转引自宋华琳《中国的比较行政法研究》，《中国社会科学评价》2020年第3期。

公共卫生、产品质量等与公众生活密切相关的领域，因为这些领域的风险更需要"广而告之"，尽快让公众知道，以便人们及时避免危险。另外，公共警告的直接目的不是惩罚行政相对人，而是提醒公众注意风险。风险是指"可能发生的危险"①。例如，行政机关提醒公众不要吃野蘑菇，避免中毒。再如，《道路交通安全法实施条例》（2017年修订）第36条规定的道路或者交通设施养护部门、管理部门设置的警告标志，也属于公共警告的范畴。为了使论证能够突出重点，本书主要研究的是社会性规制的公共警告，不涉及经济性风险的警示。为了进一步厘清公共警告的概念，有必要将公共警告和与其相似的概念进行比较分析。

公共警告不同于"违法信息公告"（又称为"公开违法信息"）。虽然两者都是政府部门主动向公众发布信息，但两者之间的区别非常大，并非纯粹的从属关系。第一，两者的目的不同。公共警告的目的是警示公众注意有关风险，虽然，很多违法信息公告的目的也是警示公众注意有关违法者带来的风险，但是，并不是所有违法信息公告的目的都是警示风险，有的违法信息公告属于对违法者的一种处罚。第二，两者公开的内容不同。违法信息公告披露的是违法者的违法事实，公共警告的内容是提醒公众小心特定的危险，而该危险的引发原因既可能是违法行为，也可能是合法行为，也可能是自然灾害。第三，两者发布的阶段不同。公共警告可以在危险正在发生时发布，也可以是危险发生前，还可以是危险发生后为其他人规避类似风险而特别发布。②而违法信息公告是指行政主体在行政相对人违法行为发生后，经核实披露违法信息的行为。

公共警告不同于"黑名单"。公共警告的目的是提醒公众防范风

---

① 中国社会科学院语言研究所词典编辑室编：《现代汉语词典》（第5版），商务印书馆2005年版，第409页。
② 参见贺译荨《公布行政违法信息作为声誉罚：逻辑证成与制度构设》，《行政法学研究》2020年第6期。

险,公共警告会因公众相信警告而很可能对相关利害关系人的权益产生实际影响,客观上会产生"信息惩罚"的效果。黑名单的公布有提醒公众注意那些被列入黑名单对象的目的,但实质上是一种具有惩罚性质的行为。被列入黑名单的对象通常是监管机关的重点监管范围,其权益可能会受到一些不利限制,因此,公共警告与黑名单不同。公共警告是政府防范风险的一种规制手段,通常在紧急的情况下作出,而黑名单往往不是在紧急情况下公布。

公共警告不同于行政处罚中的警告。两者虽都带有"警告"两字,但他们之间的区别很大:第一,行政处罚中的警告属于行政处罚的范畴,而公共警告根本不属于行政处罚的范畴。即使根据2021年新修订的《行政处罚法》的规定,公共警告也不属于行政处罚的范围。新修订的《行政处罚法》第2条将行政处罚的概念界定为一种"惩戒"行为,而公共警告的目的并不是"惩戒",而是提醒公众注意风险。第二,两者针对的对象不同。公共警告是针对可能受到风险威胁的公众。行政处罚中的警告是针对违反行政法律规范,尚未构成犯罪的行政相对人。公共警告所产生的效果取决于公众对公共警告所提示的风险信息的了解和接受程度。第三,两者表现形式不同。公共警告是有权发布主体向公众发布风险信息,行政处罚中的警告是行政处罚主体针对行政违法行为人通过行政处罚决定书的形式进行谴责和告诫。

综上,通过比较公共警告与一些概念的区别,可以清楚地认识公共警告本身的特点,公共警告不同于一般行政行为,对公共警告利害关系人权益的保障不能直接套用一般行政行为的模式。

二 公共警告的性质

明确公共警告的性质,对公共警告进行准确定位,是在法治框架下规范公共警告的基础性问题。

目前,对于公共警告的法律性质,学者们的意见不尽一致。大多数学者认为公共警告属于行政事实行为[①]；有些学者认为其属于"非强制行政行为"[②]；还有学者认为公共警告具有复合属性[③]。

本书认为，公共警告实质是一种行政事实行为。所谓行政事实行为是指行政主体以发生某种事实结果而不是以发生法律效果为目的的行为。[④] 而日本、德国行政法理论认为，所谓行政行为是指行政机关直接对外界产生法律效力的行为。其中，所谓"直接"是指行政行为导致行政相对人的权利义务发生变化不需经过中间环节，[⑤] 而"助推"本身不具有强制性，并不直接为特定群体设定权利和义务，而是"诱导"他们在给予其选择自由的前提下自行实现政府助推的内容。[⑥] 作为一种"助推"方式，公共警告的目的是提醒公众注意特定风险，并不是侵害特定利害关系人的权益，也不是使其权利或义务发生变化。因此，对特定利害关系人而言，公共警告对其权益的影响是间接的，是公众在信任公共警告提示的风险后作出相应的行为造成的。事实上，由于生计、性格、自由等原因，公众在知悉公共警告后，也可能不会采取有效的风险规避措施。而且，一般情况下，行政主体不能因为相对人没有采取避险措施而给予其不利的处理，当然如果涉及公共利益的除外，比如传染病。鉴于公共警告并不直接改变行政相对人的权利

---

① 参见［德］哈特穆特·毛雷尔《行政法学总论》，高家伟译，法律出版社2000年版，第393页；张桐锐《论行政机关对公众提供资讯之行为》，《成大法学》2001年第2期；林沈节《解析行政机关的风险警示活动》，《社会科学战线》2011年第7期；朱春华《公共警告与"信息惩罚"之间的正义——"农夫山泉砒霜门事件"折射的法律命题》，《行政法学研究》2010年第3期；陈新《行政执法中的公共警示法律问题探析》，《云南社会科学》2013年第4期。

② 参见崔卓兰、朱虹《从美国的环境执法看非强制行政》，《行政法学研究》2004年第2期。

③ 参见邓刚宏《论行政公告行为的司法救济》，《行政法学研究》2009年第1期；徐信贵《政府公共警告的公法阐释及其可诉性探讨》，《重庆大学学报》（社会科学版）2012年第4期。

④ 参见［德］哈特穆特·毛雷尔《行政法学总论》，高家伟译，法律出版社2000年版，第391页。

⑤ 参见马怀德《行政法学》，中国政法大学出版社2009年版，第97—98页。

⑥ 参见张力《迈向新规制：助推的兴起与行政法面临的双重挑战》，《行政法学研究》2018年第3期。

和义务。因此，公共警告不应当属于狭义的行政行为的范畴，而应属于行政事实行为。虽然中国大陆行政行为理论存在着对传统行政行为认识不统一、逻辑不周延、定位不清晰的问题，无法解决新出现的行政法问题。[①] 但是，学者一般都承认行政行为是行政主体作出的一种直接产生法律效力的行为。

此外，公共警告不属于行政指导。行政指导涉及指导者与被指导者之间的双方法律关系，而许多公共警告往往涉及三方法律关系，包括发布主体、公众以及特定利害关系人。当公共警告发布后，公众在获悉公共警告后作出的行为，可能会影响特定利害关系人的权益。即使在行政指导的发源地和行政指导制度相对完善的日本，其学界的主流观点也没有将公共警告（在日本称为"公布违反事实"）纳入行政指导的范畴，而是将其看作是实现行政指导的间接强制手段。[②] 根据日本《行政程序法》第2条第6项的定义，行政指导所针对的对象是特定人。[③] 而公共警告所针对的对象是不特定的公众。此外，两者的行为方式不同。公共警告通过向公众发布风险信息达到预防风险的目的，行政指导主要是通过建议、引导等非强制方式达到行政管理的目的。

综上，本书认为公共警告是一种不同于行政指导的行政事实行为。

三　公共警告的分类

对公共警告进行科学分类是规范公共警告权的基础，通过类型化的研究，便于从多个角度对公共警告进行深入和针对性的研究。

公共警告的种类比较多，而不同种类的公共警告在风险的紧迫性、客体、公开程度、危险程度等方面差异很大。[④] 按照不同的标准将公

---

① 参见贺昱辰、张泽宇《政府治理现代化与公共卫生法治建设——中国行政法学研究会2020年年会综述》，《行政法学研究》2021年第3期。
② 参见［日］盐野宏《行政法》，杨建顺译，法律出版社1999年版，第173页。
③ 参见杨建顺《日本行政法通论》，中国法制出版社1998年版，第557页。
④ 参见［德］哈特穆特·毛雷尔《行政法学总论》，高家伟译，法律出版社2000年版，第393页。

共警告进行分类，分类的意义也不同，本书重点论述与本书的研究内容关系最密切的三种分类。

1. 紧急性公共警告和非紧急性公共警告

按照公共警告涉及的风险信息是否紧急为标准，可将公共警告分为紧急性公共警告和非紧急性公共警告。

紧急性公共警告是指向公众发布的公共警告涉及的风险信息比较紧急，需要公众尽快知晓的风险信息。非紧急性公共警告是指向公众发布的公共警告涉及的风险信息不具有紧急性。将公共警告分为紧急性公共警告和非紧急性公共警告的分类意义在于两者受法律规制的程度和责任承担要件不同。

一方面，对于紧急性公共警告而言，由于发布的风险信息在时间上比较紧迫，如果没有尽快告知公众风险信息，公众可能就无法及时预防风险。因此，行政主体可能没有充足的时间进行全面的风险评估。鉴于此，对紧急性公共警告的法律规制应相对宽松，避免对紧急性公共警告的过多限制，导致公众无法及时知晓风险信息。而对于非紧急性公共警告而言，由于短时期内不会发生危害结果。因此，发布主体有足够的时间进行风险评估，以考量是否应当发布公共警告，其受法律规制的程度也应该较高。

另一方面，紧急性公共警告和非紧急性公共警告的责任承担要件也不同。在涉及公共利益的紧急危险情况下，为了使公众能够及时避免重大风险造成的重大侵权，即使在证据不是非常充分的情况下，发布主体也应及时发布公共警告。对于在这种紧急情况下发布的错误公共警告，可以根据当时的具体情况免除发布主体的责任。例如，在2005年，英国食品安全局为了准备一份被苏丹红一号污染的食品的详细清单，推迟了向公众发布风险警示。在该案件中，由于提醒公众食品受到污染的时间比较紧急，就应当先发布公共警告，后期可以继续补充相关信息。然而，非紧急性公共警告却不享有这种责任豁免。当然，为了防止紧急性公共警告权的滥用，对其事后的监督必不可少。

2. 不确定性公共警告和确定性公共警告

按照公共警告涉及的风险信息是否确定存在为标准，可将公共警告分为不确定性公共警告和确定性公共警告。

不确定性公共警告是指向公众发布的可能发生风险的信息，即未来是否会出现危险结果存在很大的不确定性。例如，天气预报属于不确定性公共警告。再如，美国食品和药物管理局认为，在某些特定情况下，即使对医疗器械问题的安全风险还没有完全确定，也会发布风险警告。这就属于不确定性公共警告。① 而确定性公共警告是指向公众发布正在发生的或必然发生的风险信息。例如，吸烟有害健康属于确定性公共警告。在许多情况下，很难区分不确定性公共警告和确定性公共警告，而且，这种区分在很大程度上要依赖于先进的科技知识。当然，这两者的界限并不是绝对的，随着科技和社会的发展，两者有互相转化的可能。

确定性公共警告和不确定性公共警告在风险发生的概率和法律效果上存在明显差异，进而，两者在法律规范的规范程度、司法审查的强度、法律责任、权益救济程度等方面都会存在差异。例如，在发布不确定性公共警告时，应同时告知公众该公共警告可能存在的不确定性，并应不断更新补充相关信息。

3. 非涉他性公共警告和涉他性公共警告

按照公共警告内容是否会涉及特定利害关系人作为分类标准，可以将公共警告分为非涉他性公共警告和涉他性公共警告。

非涉他性公共警告是指公共警告只涉及发布主体和公众这两方法律关系，不涉及特定利害关系人。例如，一些涉及自然灾害的公共警告，因为没有产生危险的特定利害关系人，因此就属于非涉他性公共警告。而涉他性公共警告涉及多元利益主体，即公共警告发布主体、公众和特定利害关系人，涉他性公共警告有明确的特定利害关系人。

---

① Sheila Kaplan：《FDA将加强医疗器械安全风险警告》，欧文编译，《医药经济报》2016年1月20日第8版。

涉他性公共警告分别会对公众和其他利害关系人产生不同影响，并形成不同种类的法律关系。例如，海口市工商局发布的关于农夫山泉矿泉水总砷超标的消费警示，在该消费警示中，涉及明确的特定利害关系人——农夫山泉公司，因此属于涉他性公共警告。

将公共警告划分为非涉他性公共警告和涉他性公共警告的分类意义，在于两者受法律规制的程度不同。涉他性公共警告实际上会对特定利害关系人的权益产生影响，客观上对于特定利害关系人会起到一定的规制效果，是"具有第三方效果"①的行为。因此，与非涉他性公共警告相比，涉他性公共警告应该受到更严格的法律规制。涉他性公共警告牵涉公共警告发布主体、特定利害关系人以及公众三方法律关系主体，因此，发布主体是否应当发布涉他性公共警告，面临复杂的利益平衡，而由于非涉他性公共警告不涉及特定利害关系人，对其进行的法律规制可以宽松一些。

然而，不能忽视的是，在许多情况下，由于复杂和不可预测的因素，很难确定公共警告是否会损害第三方的利益，因此，这两种类型的公共警告有时很难加以区分。通常来说，公共警告对公众的影响程度取决于公众能够接触到公共警告的可能性和对被谴责行为的不满程度、公共警告对被谴责行为的影响程度以及声誉对第三方的重要性。②

四 公共警告的现实价值

贝克曾预断："风险是永恒存在的"。③ 人类所面临的高风险需要积极作为的政府，④ 而风险防控的复杂性、紧迫性，对政府的应急能

---

① 参见［德］汉斯·J. 沃尔夫等《行政法》（第二卷），高家伟译，商务印书馆2002年版，第47页。
② Ernest Gellhorn, "Adverse Publicity By Administrative Agencies", 86 *Harv. L. Rev.* 1380 (1976).
③ ［德］乌尔里希·贝克：《风险社会》，张文杰等译，译林出版社2018年版，第7页。
④ 参见杨春福《风险社会的法理解读》，《法制与社会发展》2011年第6期。

力是场严峻的考验。政府需要不断改进风险规制理念、创新风险规制方式。在众多的政府风险规制手段中，公共警告以其独特的优势已经广泛运用于风险规制实践。面对风险防控的复杂任务，公共警告具有诸多值得珍视的价值，它具有较灵活、低成本等优势，有利于助推公众风险信息知情权的实现，在保障公众权益免受风险侵害方面效果突出。

（一）公共警告具有较灵活、低成本等优势

目前，许多国家已经广泛使用大量的灵活和简单的非正式行政行为，以克服传统行政法治主义机械、僵化的缺陷，有效应对行政任务日益多元、复杂的客观需求。① 特别是由于经济、科技的发展，政府治理方式不断发生变化，传统惩罚类型的有效性受到限制，行政机关使用新型治理手段的动机越来越强烈。② 中共中央印发的《法治中国建设规划（2020—2025年）》提出改进和创新执法方式，加强非强制行政手段的运用。

助推理论的预设是不完全理性的"社会人"。政府有必要让人们在没有明显强迫的情况下做出正确的决定。政府为人们保留了选择的自由，并指导他们做出正确的决定。③ "助推"是在不使用强制手段、不增加当事人成本的情况下，有效实现立法目的的规制手段，具有低成本、弱强制、高效能的优势。④ 作为一种"助推"方式，公共警告具有灵活、成本低、影响广、效果突出等优势，很大程度上解决了执法任务繁重与执法资源有限、执法成本过高之间的矛盾，克服传统风险规制手段的机械、僵化的弊端，极大地满足了当前复杂多样的行政

---

① 参见章志远《当代中国行政行为法理论发展的新任务》，《学习与探索》2018年第2期。
② 参见马怀德《〈行政处罚法〉修改中的几个争议问题》，《华东政法大学学报》2020年第4期。
③ 参见张力《迈向新规制：助推的兴起与行政法面临的双重挑战》，《行政法学研究》2018年第3期。
④ 参见王本存《法律规制中的助推：应用与反思》，《行政法学研究》2021年第5期。

任务的需要。因此，美国桑斯坦教授认为，信息监管工具的应用是近几十年来法律领域最显著的成就之一。①

公共警告具有较强的灵活性。现代社会的风险无处不在，然而，风险实际是个概率问题，而且降低风险的措施可能会取消某些收益或引发新的风险，因此，需要对风险进行成本与收益的权衡。② 每个人的处境和对风险的态度都有所差异，由于风险的不确定性，传统行政强制手段对风险的规制往往会过于僵化，可能对私人自由造成过多的干扰。公共警告能极大地满足当下行政任务复杂多元的需求。与传统强制行为相比，公共警告不是通过发布禁令，而是通过发布风险信息，使公众能够快速了解风险信息，并以灵活的方式影响人们的行为，从而实现防范风险的行政目的。公共警告的行为方式相对简单，可执行性强。在防范风险的同时，它不会直接干涉人身自由或其他利益，具有很强的灵活性。

风险不能完全消失为零，而只能被控制在可接受范围内。至于何谓"可接受范围"，除科学性判断外，还受到个人主观认识的影响。③ 例如，政府可以选择发布公共警告来提醒人们吸烟有害健康。再如，在传染病暴发的高峰期，有些人本应躲在家里，但却不得不从事传染风险较高的工作来维持生计。又如，餐饮食品安全等级制度在许多国家已经得到广泛使用，这其实就是在公众知情基础上的风险共担的体现。④

另外，公共警告具有低成本的优势。在许多情况下，危险的来源和范围很难确定，如果使用传统的执法方法，执法成本可能过高，甚

---

① SUSTEIN C. R,"Informational regulation and informational standing: Akins and beyond", 147U., *Pa. L. Rev.*, 613, 613, 619（1999）.
② 参见［美］凯斯·R. 桑斯坦《风险与理性——安全、法律与环境》，师帅译，中国政法大学出版社 2005 年版，第 163 页。
③ 参见安永康《作为风险规制工具的行政执法信息公开——以食品安全领域为例》，《南大法学》2020 年第 3 期。
④ MiroslavaBavorova, et al., "Does Disclosure of Food Inspections Afect Busines Compliance? The case of Berlin, Germany", *British Food Journal*, Vol. 119, 2017, p. 143.

至不可能。然而，通过公共警告来发布风险信息，这种执法方式成本低、效果好，可以在很大程度上缓解行政机关的执法压力。因此，在2011年美国"改善规制和规制审查"行政令中，也将信息工具看作是一种减少规制成本、维护选择自由的柔性工具。

（二）有利于助推公众风险信息知情权的实现

知情权，又被称为"知悉权""了解权"，是指公民知悉和获得信息的权利。[①] 中国宪法虽然没有明确规定知情权，但是，知情权可以从中国宪法规定的公民的表达自由权利引申出来。人权是人应享有的不可侵犯的权利。国家的目的就是保护基本的人权不受侵犯。[②] 中国已经将"国家尊重和保障人权"写入宪法。1948年《世界人权宣言》也明确了知情权的内容。2007年，党的十七大将"保障人民的知情权"写入报告。2019年修订的《政府信息公开条例》第1条明确规定"保障公民、法人和其他组织依法获取政府信息"。因此，中国越来越重视对公众知情权的保障。

知情权的内涵一直在不断丰富和发展，公众对权利保障的期待和要求也与日俱增。政府有义务让公众了解他们所掌握的有关风险的信息，因此，"风险信息成为新的知情权客体"[③]。例如，美国《应急计划和社区知情权法案》规定，潜在的风险受影响者有权了解有毒物质的信息。在风险社会里，对公众风险信息知情权的保护显得尤其重要，可以说，"公民知情权保障已经成为风险治理现代化的逻辑起点，直接关系人们生命、健康、生活、学习、工作等各个方面的权益保护"[④]。当人们被告知风险即将到来时，尽管可能会有一些恐慌。但是，政府并

[①] 参见齐爱民《个人资料保护法原理及其跨国流通法律问题的研究》，武汉大学出版社2004年版，第15页。
[②] 参见［美］罗尔斯《正义论》，何怀宏等译，中国社会科学出版社1988年版，第56页。
[③] 刘恒：《论风险规制中的知情权》，《暨南学报》（哲学社会科学版）2013年第5期。
[④] 周佑勇、朱峥：《风险治理现代化中的公民知情权保障》，《比较法研究》2020年第3期。

不能因此而隐瞒风险信息,因为在未知的信息盲区,人们往往会做最坏的猜测。因此,人们需要知晓最新和准确的信息来消除顾虑。有调查表明,51.4%的受访者认为,加强食品安全信息披露有助于澄清谣言,减少恐慌。更何况,风险的消除,很大程度上要依靠公众的配合。因此,政府应保障公众的风险信息知情权,有效抵制恐慌情绪的影响。

其实,助推方式并没有限制人们的选择机会,也没有显著改变经济激励机制,相反,它通过心理和社会机制为个人选择建立了一个"环境",其目的是优化选择和改善福利。① 在信息社会里,信息传播的成本更低、速度更快,信息规制工具在现代社会治理中得到了广泛应用,为公共警告的运用提供了便利。传统的命令控制型规制手段因频繁失灵和低效率而被学界所批判,在各种风险共生的当下,② 作为一种"助推"方式,公共警告利用其较灵活、影响广等特点,充分回应公众的风险信息需求,及时发布风险信息,有助于保障公众知情权的实现。如果政府不能向公众提供足够的信息或者公众缺乏畅通的信息渠道,那么所谓的面向公众的政府,也就沦为一场滑稽剧或悲剧或悲喜剧的序幕。③

更为重要的是,确保有关风险的信息更加公开的两大原因是效率和民主。④ 通过保障公众知情权的实现,使公众获悉有关风险知识,有利于实现风险决策民主。

(三)在保障公众权益免受风险侵害方面效果突出

行使公权力的目的是体现人民权利的要求,是广大人民的福祉。⑤

---

① 参见王湘红、马万超《引入行为"助推"手段提高公共政策有效性》,《社会科学报》2018年12月27日第3版。
② [德]乌尔里希·贝克:《风险社会》,何博闻译,译林出版社2004年版,第52页。
③ 参见[美]斯蒂格利茨《自由、知情权和公共话语》,宋华琳译,《环球法律评论》2002年第3期。
④ 参见[美]凯斯·R. 桑斯坦《风险与理性——安全、法律与环境》,师帅译,中国政法大学出版2005年版,第321页。
⑤ 章志远:《行政公共信息公开的理论及其实践》,《河南省政法干部学院学报》2005年第3期。

因此，政府必须依法行使职权，保障公众的基本权利不受侵害。风险一旦变成灾难，就会对公众造成巨大的伤害，而且在很多情况下无法补救。例如，如果地震预报预警信息没有及时发布，地震灾害一旦发生，很可能死伤成千上万的人。在环境污染、食品安全、公共卫生等各种风险共生的当下，① 行政任务更加复杂，而传统执法方式的规制范围有限、规制成本较高，规制效果有限，已经远远不能满足现代风险治理的需要。因此，必须实现从事后补救转向事前预防，通过风险规制活动有效防范各类风险。② 作为一种"助推"方式，公共警告的发布极大地缓解了信息化社会里政府风险规制的压力。

然而，与正式制裁相比，公司对不利信息发布手段的恐惧更甚。③ 政府通过发布风险信息向公众发出公共警告，可以将风险规制的关口前移，克服事后救济的不足，起到事前预防风险的作用，保障公众权益免受风险侵害，有效缓解行政任务繁重与执法力量有限的矛盾。在风险规制实践中，公共警告发挥了其独特作用，收到了较好的风险规制效果，受到广大民众的青睐。尤其是对于已经被消费者购买的有害产品、食品等，最高效的方法就是发布公共警告。调查证明，86.7%的受访者认为，"加大曝光力度"对于解决食品安全问题非常重要。

美国凯斯·R. 桑斯坦认为："开示与风险相关的信息是最令人感兴趣和潜在的最有效率的策略。"④ 可以说，公共警告有效地弥补了命令控制型手段的弊端，更加符合风险社会和信息社会的风险治理制需

---

① 参见［德］乌尔里希·贝克《风险社会》，何博闻译，译林出版社2004年版，第52页。
② 参见章志远《新时代中国行政法学研究的转型》，《中国社会科学报》2018年3月21日。
③ See Andrea A. Curcio, "Painful Publicity: An Alternative Punitive Damage Sanction", 45 *DePaul L. Rev.* 341 (1996), p. 370; Brent Fisse & John Braithwaite, *The Impact of Publicity on Corporate Offenders*, State University of New York Press, 1983, p. 249.
④ ［美］凯斯·R. 桑斯坦：《风险与理性——安全、法律与环境》，师帅译，中国政法大学出版社2005年版，第366页。

求，一直受到地方政府的青睐。①

五 公共警告需要适度运用

公共警告的及时发布是政府的责任，可以使公众及时预防风险。然而，公共警告的发布是不是越多越好？

"风险行政常常伴随着干预与负担。是坚守自由和权利，还是青睐秩序和安全，成为当下行政法治的价值取舍难题。"② 学者朱春华认为，政府应适时、适地地选择合适的管制工具③，学者徐信贵认为，公共警告要受到一定的限制。④ 学者章志远等认为，要严格其适用的条件，⑤ 学者陈新认为，要坚持比例原则。⑥ 对于公共警告的适用问题，学者们提出的观点具有较强的理论和实践意义，然而，目前对该问题的研究比较零散。

不容忽视的是，公共警告的运用有很大的局限性，它并不能"包治百病"。发布主体在运用公共警告时，容易出现权力滥用、易给特定利害关系人造成不必要的损失、轻率地运用公共警告会降低风险规制的效果。

（一）在发布公共警告过程中容易出现权力滥用

权力的行使必须应当有边界。然而，公共警告权也具有膨胀的天性，如果运用不当，必然会形成权力恣意。风险具有的"不确定性"，

---

① 参见熊樟林《行政处罚的种类多元化及其防控——兼论中国〈行政处罚法〉第8条的修改方案》，《政治与法律》2020年第3期。
② 郑春燕：《转型政府与行政法治》，《浙江大学学报》（人文社会科学版）2021年第1期。
③ 参见朱春华《公共警告的概念确立与管制分析》，《行政法论丛》第12卷，法律出版社2009年版。
④ 参见徐信贵《政府公共警告的权力构成与决策受限性》，《云南行政学院学报》2014年第2期。
⑤ 参见章志远、鲍燕娇、朱湘宁《作为公共警告的行政违法事实公布》，《河南司法警官职业学院学报》2012年第2期。
⑥ 参见陈新《行政执法中的公共警示法律问题探析》，《云南社会科学》2013年第4期。

使得立法不得不赋予发布主体很大的裁量权,这很容易成为发布主体逃避责任的借口,使得发布主体容易将自己的行为"藏匿于科学之后"①,导致公共警告权的恣意使用。此外,如果缺乏严密的规范,专家也会被"俘获",而成为公共警告权滥用的"遮羞布"。如果不利公开宣传滥用,他能够毁掉公司或个人的名誉和事业,损害行政效能。②在美国,不利机关宣传也经常会被滥用而造成损害。③ 例如,1941年,美国司法部长谴责联邦酒精管理委员会滥用负面信息披露。④

公共警告属于新型规制工具,中国现行立法对公共警告相关内容规定的太少。对于特定的行政管理领域而言,行政主体应当在什么情况下发布公共警告,大多缺乏明确的法律规定。即使有一些立法规定了发布公共警告的条件,但规定得比较模糊,导致实践中公共警告的发布很随意或者发布错误。例如,在农夫山泉砒霜门、辽宁"飞龙制药公司伟哥假药"等事件中,由于公共警告权的滥用而导致商家损失巨大。

(二) 易给特定利害关系人造成不必要的损失

公共警告的发布毕竟是一种公权力的行使,它"具有第三人效果",会实际影响到特定利害关系人的权益,而且,与传统风险规制手段相比,公共警告影响面更广,行为效果更明显。如果公共警告违法或不当发布,则会成为一种核武器般的"毁灭性权力"⑤。人们往往对被曝光的风险产生过度反应。"负性的信息比正性的信息吸引更多

---

① 洪延青:《藏匿于科学之后? 规制、科学和同行评审间关系之初探》,《中外法学》2012年第3期。

② Ernest Gellhorn, "Adverse Publicity by Administrative Agencies", *Harvard Law Review*, Vol. 86, No. 8, 1973, p. 1441.

③ See Richard S. Morey, *Publivity as a regulatory tool*, Food Drug Cosm. L. J, Aug. 1975, p. 469.

④ Final Report of the Attorney General's Comm. on Admin. Procedures, S. Doc. No. 77-8, at 135 (1941).

⑤ 参见蒋正之《"砒霜门"事件:"毁灭性权力"必须慎用》,《检察日报》2009年12月2日第6版。

的注意力。"① 即使是对消费者利益几乎没有损害的轻微违法行为,但在此信息公布后,就会通过复杂的社会机制作用,导致公众反应过度,对企业利益造成严重损害。② 特别是由其引发的"锚定效应",容易导致人们产生"先入为主"的效应。如果事后证明公共警告是错误的,给特定利害关系人造成的巨大损失很难弥补。例如,在湖北"豫花毒面粉事件"中,人们不但抵制豫花厂面粉,豫花面粉厂所在的河南省面粉的销量也受到很大影响,河南省面粉工业遭受巨创。在美国,因行政机关发布失真信息而造成重大损失的案件时有发生。③

另外,公共警告发布后,风险很容易被放大,而风险放大的程度会影响"风险涟漪"和地域污名化的范围④,可能对无辜者造成伤害,损害他们的合法权益。例如,消费者在得知南京冠生园曾用陈陷制作月饼被政府披露后,不愿再购买任何地方的冠生园牌的月饼。⑤ 在国家工商局于 2006 年将雅士利中老年人的奶粉认定为有问题的奶粉之后,甚至雅士利婴儿奶粉的销量也急剧下降。在浙江某食品厂生产的"乡巴佬"食品中被曝光非法添加化学原料后,徐州的一家"香巴佬"熟食店由于与"乡巴佬"谐音而销售量暴跌。

实验表明,人们对危险的反应通常基于危险后果的严重程度和形象程度,而不是对后果概率的估计。⑥ 当人们遭遇到高度形象化的小概率风险事件后,容易使人忽略对概率的判断,使人高估风险,甚至认为风险百分之百会发生。⑦ 特别是,含糊不清的公共警告常常被误

---

① [美]泰勒等:《社会心理学》,谢晓非等译,北京大学出版社 2004 年版,第 33 页。
② 参见应飞虎、涂永前《公共规制中的信息工具》,《中国社会科学》2010 年第 4 期。
③ See James O'Reilly, "Libels on Government Websites: Exploring Remedies for Federal Internet Defamation", 55 *Admin. L. Rev.* 507, 525 (2003).
④ 参见 [美]珍妮·X. 卡斯帕森《风险的社会视野》(上),张秀兰、童蕴芝译,中国劳动社会保障出版社 2010 年版,第 151 页。
⑤ 参见姜微等《品牌株连:另一个教训》,《江南时报》2001 年 9 月 20 日第 1 版。
⑥ 参见 [美]凯斯·R. 桑斯坦《风险与理性——安全、法律与环境》,师帅译,中国政法大学出版 2005 年版,第 56 页。
⑦ 参见 [美]凯斯·R. 桑斯坦《最差的情形》,刘坤轮译,中国人民大学出版社 2010 年版,第 60—63 页。

解，人们宁愿"宁可信其有，不可信其无"。当情绪强烈时，人们更关注负面反应，而不是可能性。① 例如，英国药物安全委员会警告声明，女性服用第三代口服避孕药患血栓的风险会增加 100%，导致许多女性不再服用口服避孕药，意外怀孕和流产的比例急剧上升。其实，"100%"仅是相对风险，实际上，患病的绝对风险只增加了七千分之一。② 被夸大的风险致使英国女性受到了极大伤害。③

（三）轻率地运用公共警告会降低风险规制的效果

公共警告作为"教育助推"的一种，政府通过发布指导性预警信息，可以使公众有更好的选择，从而实现政府的日常管理或减少风险的目的。④ 虽然，公众从心里更容易接受"教育助推"，然而，在有些情况下，"教育助推"根本没有效果。⑤ 规制目标是否实现很大程度上取决于助推作用对象。实践中，行政主体能否通过发布公共警告完成风险预防任务，更多地取决于它对知悉公共警告信息的公众的行为选择的影响程度。美国最高法院大法官史蒂芬·布雷耶认为，"只有公众能理解被披露的信息，或可以以信息为依据自由地选择，或者相信信息与选择之间具有实质的关联性时，披露只有（才有）可能起作用。"⑥ 但是，大众媒体对新奇的偏好，⑦ 决定了媒体可能选择性登载公共警告，而发布传播途径的不畅，极大地影响公众获悉风险信息的及时性和准确性。另外，由于个体有限理性以及个体异质性的存

---

① 参见［美］凯斯·R. 桑斯坦《恐惧的规则：超越预防原则》，王爱民译，北京大学出版社 2011 年版，第 65 页。

② 参见［德］格尔德·吉仁泽《风险与好的决策》，王晋译，中信出版社 2015 年版，第 36 页。

③ 参见［德］格尔德·吉仁泽《风险与好的决策》，王晋译，中信出版社 2015 年版，第 11 页。

④ 参见张力《迈向新规制：助推的兴起与行政法面临的双重挑战》，《行政法学研究》2018 年第 3 期。

⑤ 参见王本存《法律规制中的助推：应用与反思》，《行政法学研究》2021 年第 5 期。

⑥ ［美］史蒂芬·布雷耶：《规制及其改革》，李洪雷等译，北京大学出版社 2008 年版，第 241 页。

⑦ 参见［美］凯斯·R. 桑斯坦《恐惧的规则：超越预防原则》，王爱民译，北京大学出版社 2011 年版。

第一章 公共警告利害关系人权益保障的基础理论

在,人们对信息的接受程度要受到心理、性格、经济条件和经验等在内的很多因素的影响,从而决定了发布公共警告不一定有效。即使知悉了公共警告的内容,一些公众也可能没有重视公共警告,而没有采取避险行为。例如,欧洲共同体卫生部近几年发布的关于吸食尼古丁的警告,并未得到实施。① 因此,行政主体通过发布公共警告达到风险规制目标具有一定程度的盖然性,规制效果具有一定的不稳定性。

公共警告的发布并不是越多越好。轻率地发布公共警告是不理性的。美国桑斯坦认为,"人们面临着一种信息超负荷无处不在的风险,从而导致消费者对大量的信息和根本没有信息等量齐观。"② 轻率地发布公共警告会使人们陷入无奈的信息洪流中,会使公众在杂乱的信息中无法辨别重要的风险警告,公共警告将很难发挥其防范风险的作用。另一方面,轻率地发布公共警告,会过度侵害利害关系人的权益,导致"过度规制"。众所周知的事件很可能会让人过于害怕非常小的风险。③ 恐惧本身就是一种成本,可能会导致其他成本,形成涟漪效应。④ 面对公共警告,许多人可能会做出非理性的反应,随意发布公共警告很容易导致公众的恐慌和资源浪费。

综上,作为一种重要的助推手段,公共警告不应被滥用。桑斯坦强调助推应当促进合法目的,而且必须透明、尊重个人权利以及与主流价值和利益相符。⑤ 必须明确的是,公共警告只是政府风险规制的多种方式之一。公共警告的发布应具有严格的适用条件。当然,不能因此就否定公共警告具有的独特优势,而应当审慎、理性地适度运用

---

① 参见〔德〕哈特穆特·毛雷尔《行政法学总论》,高家伟译,法律出版社2000年版,第394页。
② 参见〔美〕凯斯·R. 桑斯坦《风险与理性——安全、法律与环境》,师帅译,中国政法大学出版社2005年版,第331页。
③ 参见〔美〕凯斯·R. 桑斯坦《风险与理性——安全、法律与环境》,师帅译,中国政法大学出版2005年版,第42页。
④ 参见〔美〕凯斯·R. 桑斯坦《为生命定价:让规制国家更加人性化》,金成波译,中国政法大学出版社2016年版,第156页。
⑤ Cass R. Sunstein&Lucia A. Reisch, Trusting Nudges: Toward a bill of Rights for Nudging, Taylor & Francis Group, 2019, pp.131-134.

公共警告。

第二节 公共警告利害关系人概述

如果公共警告被非法或不当使用，也会侵害公共利益或个人合法权益。政府通过公共警告保护公众权益的同时，还必须注意保护利害关系人的合法权益。准确界定公共警告"利害关系人"概念，这是研究公共警告利害关系人权益保障问题的基础。

一 公共警告利害关系人的概念界定

"利害关系人"的概念在我国行政法律法规中没有明确界定，目前还只是在学术层面进行论证。总的来说，对公共警告"利害关系人"概念的界定比较复杂。

（一）准确界定公共警告"利害关系人"概念的复杂性

公共警告"利害关系人"概念的界定比较复杂，主要由于公共警告行为的复效性以及"利害关系人"本身属于不确定法律概念。

1. 公共警告行为的复效性

公共警告"利害关系人"概念的准确界定之所以比较复杂，原因之一是公共警告行为具有复效性特点。

公共警告是"行政机关或者其它政府机构对居民公开发布的声明，提示居民注意特定的工商业或者农业产品，或者其它现象"。[①] 公共警告一般通过发布相关风险信息来警示公众防范风险。"行政法律关系转趋多样化、多元化……行政机关所面临（的）不再是单一的私人，而是复杂多元的当事人与利害关系人"。[②] 与传统行政行为不同，

---

① ［德］哈特穆特·毛雷尔：《行政法总论》，高家伟译，法律出版社2000年版，第393页。

② 杨解君：《走向法治的缺失言说》，法律出版社2001年版，第321页。

公共警告的发布不但会影响其发布的对象（公众），还会影响特定利害关系人的财产权和名誉权等权益。消费者、竞争对手或其他没有直接代表的当事人的权益，都可能因行政机关的决定而受到较大影响。① 也就是说，公共警告在保障公众利益的同时，也可能会导致特定利害关系人的利益受损，因此，公共警告具有授益和侵益的双重属性。日本学者通常将存在利害关系人效果的行政行为称为复效性处分或二重效果的行政行为，认为应当有针对性地保护利害关系人。② 因此，公共警告行为本身的复效性决定了公共警告具有多元"利害关系人"，并使公共警告利害关系人概念的界定比较复杂。

2. "利害关系人"本身属于不确定法律概念

"不确定法律概念"是指必须借各案之事实适用其上时，才能具体化其内涵的法律概念，③ 受立法局限性、历史局限性、社会快速变化等因素的影响，许多国家的立法中都存在一些"不确定的法律概念"。面对多姿多彩的社会实践，用有限的语言描述无限的现实，无法实现准确的要求……行政法中不确定性概念的使用在某种程度上是立法者为了行政便宜而做出的让步，④ 是"源自于法律对于一般性属性的需要"⑤。"利害关系人"就属于"不确定法律概念"，其具体范围和具体内容均不确定。

"利害关系人"的概念在中国现行行政立法中没有明确界定，因此，需要结合具体行政活动，在特定社会背景下进一步具体化"利害关系人"的概念。为了展现真实世界中公共警告"利害关系人"的样态，有必要根据公共警告行为本身的特点，对公共警告"利害关系人"的内涵和外延进行界定。

---

① 参见［美］欧内斯特·盖尔霍恩、罗纳德·M.利文《行政法和行政程序概要》，黄列译，中国社会科学出版社1996年版。
② 参见［日］盐野宏《行政法》，杨建顺译，法律出版社1999年版。
③ 参见李震山《行政法导论》，三民书局1998年版，第65—81页。
④ 参见王贵松《行政法上不确定法律概念的具体化》，《政治与法律》2016年第1期。
⑤ 王贵松：《行政法上不确定法律概念的具体化》，《政治与法律》2016年第1期。

(二) 公共警告"利害关系人"的内涵界定

内涵，是概念所反映的事物本质属性的总和，即概念的内容。[①] "利害关系人"一词最早在国外立法中使用。自从1946年《美国联邦行政程序法》第553条和第554条出现"利害关系人"一词后，英美法系国家和大陆法系国家的立法中都出现了"利害关系人"一词，例如，1958年《西班牙行政程序法》[②]、1964年《日本行政程序法草案》[③]、1991年《奥地利普通行政程序法》[④]、1996年《韩国行政程序法》[⑤]、1976年《联邦德国行政程序法》[⑥] 等许多国家的行政程序立法均明确界定了"利害关系人"的含义。

然而，在20世纪90年代初，世界上大多数国家立法中的行政法律利益相关者一般只指直接相对人。后来，越来越多国家的立法扩大了行政法律利害关系人的范围，特别是在英美法系国家，行政法律利害关系人包括行政行为直接针对的人、间接影响其权益的人以及行政立法（委任立法）所针对的人。[⑦]

中国行政法律利害关系人的范围也呈现渐渐放宽的趋势，并且与

[①] 参见罗竹风《汉语大词典》（第一册），北京汉语大词典出版社1994年版，第995页。

[②] 《西班牙行政程序法》第23条规定：所谓行政程序上之利害关系人如下：（A）以权利或正当利益主体之地位进行程序者。（B）开始行政程序时未参与，但程序进行中之决定前，自始即出席程序者。参见应松年主编《外国行政程序法汇编》，中国法制出版社2004年版，第210页。

[③] 《日本行政程序法草案》第39条规定：本章所谓"利害关系人"，系指自己之法律上的权利或义务，受行政机关基于本章之规定所为决定或裁决之直接影响，而非当事人者。参见应松年主编《外国行政程序法汇编》，中国法制出版社2004年版，第459页。

[④] 《奥地利普通行政程序法》第8条规定："得请求官署执行职务，或官署之行为与其有关者，为利害关系人。"参见应松年主编《外国行政程序法汇编》，中国法制出版社2004年版，第123页。

[⑤] 《韩国行政程序法》第2条规定："当事人等"，谓因行政机关之处分而直接成为相对人之当事人和依行政机关之职权或申请而参与行政程序的利害关系人。参见应松年主编《外国行政程序法汇编》，中国法制出版社2004年版，第572页。

[⑥] 《联邦德国行政程序法》第13条第2款规定："行政机关可依职权或应请求，通知可因行政程序结果而损害利益的人作为参与人；程序结果对利害关系人有影响的，应其请求亦应通知其为参与人。"参见应松年主编《外国行政程序法汇编》，中国法制出版社2004年版，第84页。

[⑦] 方世荣：《论行政相对人》，中国政法大学出版社2000年版，第4页。

《行政诉讼法》的受案范围的变化相一致。就中国行政法领域而言，1989年《行政诉讼法》第27条比较早地使用了"利害关系"一词，而2000年《最高人民法院关于执行〈中华人民共和国行政诉讼法〉若干问题的解释》第12条确立了原告资格的"法律上利害关系"标准。其中，学者们对"法律上利害关系"有不同的理解，最高人民法院将其理解为行政行为已经或必将对行政相对人的权利和义务产生实际影响。① 2003年出台的《行政许可法》第36条正式使用了"利害关系人"这一法律术语，② 2007年《城乡规划法》第48条、第50条规定要保障城乡规划利害关系人的合法权益。2014年修改后的《行政诉讼法》第25条和第29条分别确立了原告资格和第三人资格的"利害关系"标准。行政诉讼原告资格由2000年司法解释的"法律上利害关系"标准，修改为现行《行政诉讼法》的"利害关系"标准，取消了"法律上"一词的限制。③

从国内外关于行政利害关系人的一系列立法可以看出，行政利害关系人主要是指其权益受到行政行为影响的"人"。

目前，中国学者对利害关系的构成要件有不同的看法，主要包括④：二要素说（权益+因果关系）;⑤ 三要素说（权益+本人特有权益+因果关系⑥）；四要素说（相对人+权益+本人特有权益+因果关系）⑦。界定公共警告利害关系人的概念，需要借鉴利害关系的构成要

---

① 最高人民法院行政审判庭编：《〈关于执行中华人民共和国行政诉讼法若干问题的解释〉释义》，中国城市出版社2000年版，第26—27页。
② 参见郭庆珠《论行政规划利害关系人的权利保障和法律救济——兼从公益与私益博弈的视角分析行政规划的法律规制》，《法学论坛》2006年第3期。
③ 参见柳砚涛《论行政诉讼中的利害关系——以原告与第三人资格界分为中心》，《政法论丛》2015年第2期。
④ 参见李晨清《行政诉讼原告资格的利害关系要件分析》，《行政法学研究》2004年第1期。
⑤ 参见张树义《寻求行政诉讼制度发展的良性循环》，中国政法大学出版社2000年版，第81—89页。
⑥ 参见高家伟《论行政诉讼原告资格》，《法商研究》1997年第1期。
⑦ 参见章剑生《论行政诉讼中原告资格的认定及其相关问题》，《杭州大学学报》1998年第1期。

件理论,并根据公共警告行为本身的特点来确定具体标准。

1. 利害关系人的合法权益受到公共警告行为的影响

利害关系人的合法权益受到公共警告行为的影响,这是成为公共警告利害关系人的必备要件之一。

(1) 关于"权益"的概念

有学者将"权益"理解为人身权、财产权及法律、法规明确规定的其他权利;① 有学者将"权益"等同于"权利";② 有学者将"权益"看作是法定权利和单纯事实性利益之和;③ 还有学者将"权益"看作一个元概念。④

将"权益"理解为法律法规明确规定的人身权、财产权和其他权利的观点受到了1989年《行政诉讼法》的影响。2014年修改后的《行政诉讼法》对可诉权益的范围做了扩大。"权益"与"权利"不是同一个概念,否则,将会使"权益"的范围过小,不利于保护利害关系人的权益。

本书认为,将"权益"应理解为权利和利益的总和。实际上,利益的本质是权利的延伸。因此,我们可以将"权益"的概念定义为:"权益"是指法律明确规定或根据法律的原则、精神引申出来的权利以及应保护的各种利益的总和。该概念中的"法"指的是广义概念,而且,此处的"利益"也包括反射利益。反射利益是行政主体仅为实现公共利益之维护时,带给私人的好处,此种好处并非设定行政主体义务的目的。⑤ 根据传统行政法理论,个体不能对反射利益提起诉讼。但是,随着法治原则的深入人心和公众权利意识的提高,目前出现了

---

① 参见周汉华《论行政诉讼原告资格审查》,《中国法学》1991年第1期。
② 参见江必新《关于行政诉讼中的原告资格问题》,《人民法院报》2000年5月11日第3版;甘文《行政诉讼法司法解释之评论——理由、观点与问题》,中国法制出版社2000年版,第64页。
③ 参见高家伟《论行政诉讼原告资格》,《法商研究》1997年第1期。
④ 参见章剑生《行政诉讼法基本理论》,中国人事出版社1998年版,第71页。
⑤ 参见陈秀清《行政法上法律关系与特别权力关系》,载翁岳生主编《行政法》,翰芦图书出版有限公司1998年版,第213—215页。

不再严格区分反射利益和法律上的利益的趋势，而是尽可能将反射利益解释为法律上的利益。只要私人就行政处分的效力争讼具有实质利益，他们的诉的利益就应该得到认可，①这会很大程度上提高对利害关系人权益的保障力度。

(2)"合法"

"合法"是指符合法律规定。"合法权益"是指符合法律规定的权利和利益，而非不合法的利益。而非法利益（如通过制假而获得的利益）不受法律保护。符合法律规定的权利和利益并不是指法律明确规定的权益，由于成文法的滞后性，现行立法无法明确规定所有应当保护的权利和利益。因此，只要符合法律规定的权利和利益都应受到立法的保护。

(3)"受到影响"

"受到影响"权益，不仅包括已经实际受到公共警告行为影响的权益，还包括虽然影响尚未发生，但未来必将会受到公共警告行为影响的权益。而且，此处的"影响"是指权益受到不利影响，即权益受到侵害。

2. 利害关系人受影响的权益与公共警告行为之间存在相当因果关系

"因果关系"是指受影响的权益与行政行为之间存在的关联程度。判断"因果关系"的标准比较复杂，国内学者对"因果关系"的认识，主要存在"条件说"和"适当条件说"等观点。"条件说"认为，只要行为与结果之间存在逻辑联系，就认定有因果关系。而"适当条件说"，又称"相当因果关系说"，认为只有根据正常人的经验和理解，认为某种原因能够发生某种结果，才能认定有因果关系。目前，"相当因果关系说"被大多数学者所认可，就公共警告领域而言，只有当公共警告相对人或相关人的权益受到的影响与公共警告行为具有相当因果关系时，才能认定利害关系人的合法权益受到公共警告行为的影响。

---

① 参见杨建顺《日本行政法通论》，中国法制出版社1998年版，第567—568页。

综上所述,将"权益+因果关系"两个要素作为公共警告"利害关系人"的判断标准,突出强调了权益受到影响的客观性,便于在现实中对"利害关系人"的认定,而且,在实践中的可操作性较强。因此,对公共警告利害关系人的概念可界定为:公共警告利害关系人是指权益受到公共警告行为影响的公民、法人或其他组织,且其受影响的权益和公共警告行为之间存在相当因果关系。

在实践中,对公共警告利害关系人概念的定义是比较复杂的,需要根据不同的情景进行具体分析。此外,公共警告利害关系人的内涵和外延不是固定不变的,一般会受到相关立法或司法活动的影响。

二 公共警告利害关系人的范围和分类

大多数公共警告涉及复杂的多元法律关系,既包括行政主体和公众,也包括特定利害关系人。对公共警告利害关系人权益保障问题进行研究,需要合理界定公共警告利害关系人的范围。利害关系人是风险的实际承受者,风险规制决定的作出会对其权益造成影响,在风险规制过程中,利害关系人应当享有知情权和参与权等一系列权益以维护自己的合法权益,因此,合理界定公共警告利害关系人的范围显得非常有必要。

(一) 公共警告利害关系人的范围

公共警告利害关系人的范围,实质是指公共警告利害关系人的外延,即公共警告利害关系人究竟包括哪些"人"。

要确定公共警告利害关系人的范围,首先要明晰利害关系人的范围。不同国家的立法对于行政"利害关系人"范围的规定不统一。例如,在荷兰、西班牙、葡萄牙等国家立法中,"当事人"就是"利害关系人"。而在奥地利,"利害关系人"的范围大于"当事人",只要有权请求官署执行职务,或官署之行为与其有关者[①],即可成为"利

---

① 参见应松年主编《外国行政程序法汇编》,中国法制出版社2004年版,第123页。

害关系人"。在20世纪90年代初期，外国行政利害关系人的范围，大多只包括直接相对人，例如，1994年《荷兰国基本行政法典》第1章规定："利害关系人是指其利益被命令直接影响的人。"① 但是，随着法治实践的推进和公众权利意识的提高，国外特别是英美法系国家行政利害关系人的范围不断扩大。

中国与大陆法系国家的行政利害关系人的范围基本相同，都包括行政相对人和行政相关人。② 其中，行政相对人是行政行为直接指向的对象，与行政行为具有天然的利害关系。然而，行政相关人是否属于利害关系人，学者对该问题的观点仍然不统一。有学者认为，作为利害关系人的"相关人"，仅指那些受行政行为直接影响者；③ 另有学者认为，作为利害关系人的"相关人"，不但包括受行政行为直接影响者，而且还包括受行政行为间接影响者。④

本书赞同第二种观点，即作为利害关系人的"相关人"，包括受行政行为直接影响者和间接影响者。"法院对利害关系人的解释将越来越倾向于宽松，这也是一个世界性趋势。"⑤ 如果将间接影响者排除在利害关系人之外，不利于保护利害关系人的合法权益。但是，究竟如何区分直接影响和间接影响？一般来说，如果权益需要通过其他媒介才受到影响的属于间接影响，否则就属于直接影响。

公共警告发布后，公共警告行为直接指向的对象是公众（公共警告的相对人）。如果发布主体应当发布公共警告而未及时发布的，会侵害公众的合法权益；另外，公共警告行为可能会间接影响到特定利害关系人的一些权益，例如，公共警告行为可能侵犯他人的隐私、名

---

① 应松年主编：《外国行政程序法汇编》，中国法制出版社2004年版，第380页。
② 参见郭庆珠《论行政规划利害关系人的权利保障和法律救济——兼从公益与私益博弈的视角分析行政规划的法律规制》，《法学论坛》2006年第3期。
③ 参见高家伟《论行政诉讼原告资格》，《法商研究》1997年第1期。
④ 参见章剑生《行政诉讼法基本理论》，中国人事出版社1998年版，第71页。
⑤ 江必新、梁凤云：《行政诉讼法理论与实务（第二版上卷）》，北京大学出版社2011年版，第346—347页。

誉等权益，这些被侵害的人可以称为公共警告的相关人。无论是公共警告直接指向的对象，还是公共警告间接影响的对象，都属于公共警告利害关系人。例如，国家食品药品监督管理总局通报京东、天猫卖家食品不合格情况，食品药品监督管理总局在警示公众有关食品安全风险，维护公众利益的同时，京东和天猫食品商家的销量可能会因此减少。其中，公众是公共警告行为的直接对象，即公共警告的相对人；而京东、天猫食品卖家则是间接受到公共警告行为的影响，即公共警告的相关人。如果该公共警告发布错误，可能会侵害京东和天猫等食品商家的公平竞争权和名誉权等权益。

公共警告利害关系人中的"人"包括自然人、法人和其他组织。其中，自然人包括本国公民、外国公民和无国籍人。另外，当行政机关处于非行政主体身份时，也不排除其成为公共警告利害关系人的可能。

（二）公共警告利害关系人的分类

公共警告利害关系人的种类比较多，在实践中呈现出多种样貌。对公共警告利害关系人进行类型化研究，可以更深入地有针对性地研究公共警告利害关系人权益保障的路径。公共警告利害关系人根据不同的标准有不同的分类，主要分为：

1. 特定利害关系人与不特定利害关系人

根据公共警告的影响对象是否特定为标准，可以将公共警告利害关系人分为特定利害关系人与不特定利害关系人。

公共警告行为不但会影响到公众的权益，也会间接影响到特定利害关系人的某些权益。特定利害关系人是指公共警告影响的那部分利害关系人是明确的。公共警告行为可能会间接影响到特定人的一些权利和利益，这些特定人属于特定的利害关系人。不特定利害关系人是指公共警告影响的那部分利害关系人是不明确的。公共警告行为直接指向的对象（公众）属于不特定利害关系人。公共警告不作为会损害不特定利害关系人（公众）的权益，而公共警告发布违法（或不当）会损害特定利害关系人的权益。

2. 直接利害关系人和间接利害关系人

根据公共警告针对的对象是否直接为标准，可将公共警告利害关系人分为直接利害关系人和间接利害关系人。

公共警告发布后，公共警告行为直接针对的对象是公众，即公共警告的相对人。如果行政主体应当发布公共警告而未及时发布的，会侵犯公众的合法权益，公共警告行为直接针对的对象（公众）就是公共警告直接利害关系人；另外，公共警告行为可能会间接影响他人的权益，例如，公共警告行为可能会侵害到他人的隐私权、肖像权和名誉权等权益，这些受侵害者可称为公共警告的间接利害关系人。

3. 侵益型利害关系人与授益型利害关系人

根据公共警告对利害关系人的权益产生影响的性质为标准，可将公共警告利害关系人分为侵益型利害关系人与授益型利害关系人。如果公共警告对利害关系人权益的影响是不利的，换言之，如果公共警告的发布导致其权益受到侵害的利害关系人属于侵益型利害关系人，例如，由于受公共警告影响而导致利益受损的厂家就属于侵益型利害关系人。如果公共警告对利害关系人的权益产生的是有利影响，属于授益型利害关系人。也就是说，授益型利害关系人能够通过公共警告获得某种好处或权益或者减免损害的发生，例如，通过公共警告获取风险信息的公众就属于授益型利害关系人。

三 公共警告利害关系人的特点

公共警告作为一种新型的行政活动，虽然具有广泛社会影响，但是，公共警告利害关系人的权益保障问题在理论界并没有引起充分重视。因此，必须清晰掌握公共警告利害关系人的特点后，有针对性地进行权益保障的制度设计。与传统行政利害关系人相比，公共警告利害关系人具有以下特点：

（一）涉及多元利益关系

"行政法律关系转趋多样化、多元化"[①]，行政法律关系有可能涉及包括公共利益与个人利益在内的多重的利益关系。[②] 涉他性公共警告在提醒公众防范风险的同时，但可能对涉及的商家权益造成很大影响。由于涉他性公共警告具有的复效性特点，也就是说，涉他性公共警告具有保护公众权益和影响特定利害关系人权益的双重性质，因此，涉及的利益关系复杂多样，利益诉求呈现多元化。公共警告的发布，需要协调所涉各方利益关系，在互相冲突的各方利益博弈中形成良性互动。

（二）权益更容易被侵害

公共警告与传统行政行为相比，受法律控制的难度更大，导致公共警告利害关系人的权益更容易被侵害。其一，风险通常是潜在风险，有些风险很难识别，有些风险危害后果在短时间内显现不出来，短期内也不容易觉察。当这些危险一旦发生时，可能已经造成无法弥补的损失。其二，风险的根本特征是不确定性，该特性导致了公共警告行为和损害结果之间非常复杂的因果关系，使因果关系判断起来也比较艰难，增加了判断公共警告发布是否合法的难度。特别是不作为本身并没有明确的外部积极行动，隐蔽性极强，很难及时发现，进而，是否构成形式作为而实质不作为也更难判断。其三，公共警告发布主体的裁量权较大。公共警告立法中存在许多不确定法律概念，使得公共警告的裁量空间较大。是否发布以及何时发布公共警告，涉及更复杂的利益平衡，绝不是一个纯粹的科学问题。因此，与传统行政行为相比，法律调整公共警告的难度更大，导致公共警告利害关系人的合法权益更容易被侵害。

（三）不同类型利害关系人权益受侵害的原因不同

公共警告发布的目的是提醒公众注意某些特定的风险。公共警告

[①] 杨解君：《走向法治的缺失言说》，法律出版社2001年版，第321页。
[②] 参见杨解君《当代中国行政法（学）的两大主题——兼答王锡锌、沈岿同志》，《中国法学》1997年第5期。

利害关系人权益受损害的原因主要是公共警告发布违法、不当以及不作为。其中，公共警告不作为一般会导致公众利益受到损害，而公共警告发布违法或不当一般会导致特定利害关系人权益受到侵害。

公共警告不作为与公众利益的损害之间存在间接因果关系。对公共警告不作为而言，公众造成损害的直接原因是自然灾害或者第三人的行为，而公共警告不作为只是导致公众损害没有被避免或者损害得以扩大的外部因素。即，公共警告不作为与自然灾害或者第三人的行为共同导致了损害的最终发生。例如，在三鹿奶粉案中，正是因为当地政府没有及时发布公共警告，才有更多的儿童食用了三鹿奶粉，导致损害的后果扩大。

第三节 公共警告利害关系人权益保障的理论基础

随着公民权利保护意识的日益增强，有必要进一步探讨公共警告利害关系人权益保障的理论基础，证成公共警告利害关系人权益保障的正当性。对公共警告利害关系人权益的保障，主要基于国家安全保障责任理论、公平正义理论、人权保障理论、行政裁量收缩论等理论。

一 国家安全保障责任理论

保障公民安全是国家的基本职能。每个国家都必须负责保障人民的安全。国家的安全保障责任是一种宪法义务，许多国家都在宪法中规定了国家的安全保障职能。国家的安全保障职能主要通过保障药品、食品、环境以及公共安全等实现。中国《宪法》（2018年修正）第29条、第28条、第21条、第26条分别规定了国家的国防、治安、医疗卫生、环境保护等职能，这些都是国家安全保障理论在宪法中的体现。

在自由主义法治国家（警察国家）里，国家处于"夜警"的角色，政府一般不主动行使行政权力。进入20世纪初，人们逐渐认识到了自由主义的弊端，基于社会现实的需要，政府不得不承担对公众"生存照顾"的责任，社会转入福利国家时代。为了提高人民的福祉，政府应积极作为。尤其是随着社会国家理念深入人心，国家对社会正义、公共福利和社会保障负有广泛责任。[①] 当公民的生命财产受到威胁时，行政主体有保护公民生命财产的义务,[②] 否则，应承担不作为的法律责任。自20世纪七八十年代以来的公共行政改革运动并没有减少政府对基本生活保障的责任。[③]

风险社会的到来，加速了现代意义上"安保国家"的诞生。如何预防潜在危险，为公民提供安全的生活条件，已经成为国家的核心任务，行政任务也从福利行政转变为风险行政。[④] 当人们的生命、健康和财产等面临危险时，国家有责任和义务消除危险并确保人民安全。因此，预防行政被解读为最新的生存照顾形态。[⑤]

由于风险的不确定性，个人缺乏有关风险的足够的知识和信息，无法仅靠自己的力量来应对风险。公民需要了解相关风险信息，以确保自己的安全，因此，政府在安全保障方面的宪法义务只能加强而不能减弱，政府在风险预防和安全保障方面的责任也相应增加。换言之，"行政机关在行政法许多领域，必须为风险之决定，以实现国家之任务及保护人民基本权利。"[⑥]

[①] 参见许育典《社会国》，《月旦法学杂志》2003年第12期。
[②] 参见［德］康拉德·黑赛《联邦德国宪法纲要》，李辉译，商务印书馆2007年版，第281页；陈征《基本权利的国家保护义务功能》，《法学研究》2008年第1期。
[③] 参见金自宁《"公法私法化"诸观念反思——以公共行政改革运动为背景》，《浙江学刊》2007年第5期。
[④] 参见［德］汉斯·J. 沃尔夫等《行政法》（第三卷），高家伟译，商务印书馆2007年版，中文版前言第3页。
[⑤] 参见朱新力、梁亮《公共行政变迁与新行政法的兴起》，《国家检察官学院学报》2013年第1期。
[⑥] 陈春生：《行政上之预测决定与司法审查》，载陈春生《行政法之学理与体系——行政行为形式论》，三民书局1996年版，第182页。

国家应当主动收集和提供风险信息，以避免或减轻风险对人们的生命、健康和财产权的损害。公共警告作为一种政府风险规制方式，有助于人们预防风险。例如，在意大利盖拉案中，生活在化工厂附近的申请人要求政府提供关于污染的危险和预防措施的信息。欧洲人权法院认为，根据《欧洲人权公约》第 8 条规定的各国义务，各国应通过积极行动提供信息。①

预防和制止危险是政府的法定职责，公共警告的发布对保护公众安全和健康具有重大意义。有权发布公共警告的主体应有效地行使公共警告权。在有证据证明危险的存在时，行政机关应当及时发布公共警告，即使侵犯特定方的权益，也是妥当的。② 如果政府在应当发布公共警告而没有及时发布，将会影响到公众的人身财产等。公众对政府无所作为的恐惧，远胜于对权力滥用和独裁的恐惧。③ 可以说，公共警告不作为的实质是政府违法放弃了其对公众负有的安全保障的职责。

二　公平正义理论

正义是人类社会普遍认可的价值目标，体现在社会正义上，即社会制度的公平与合理。④ 权利的公平是公平的重要内容，每个人都应平等享有基本权利。

正义是树立社会秩序的基础。⑤ 公平正义是解决利益冲突的价值标准，是促进社会稳定有序发展的基本理念。正义是人类社会的目的。⑥ 公平正义应该成为政府一切行动的逻辑，政府始终对实现公平

---

① 参见托比·曼德尔《信息自由：多国法律比较》，龚文庠等译，社会科学文献出版社 2011 年版。
② 参见［日］大桥洋一《行政法学的结构性变革》，吕艳滨译，中国人民大学出版社 2008 年版，第 36 页注释 50。
③ ［法］勒·达维《法国行政法和英国行政法》，《法学译丛》1984 年第 4 期。
④ 参见王月明《公民监督权体系及其价值实现》，《法学论坛》2010 年第 3 期。
⑤ 参见［古希腊］亚里士多德《政治学》，吴寿彭译，商务印书馆 1965 年版，第 148 页。
⑥ 参见［美］汉密尔顿等《联邦党人文集》，程逢如等译，商务印书馆 1980 年版，第 267 页。

与正义负有不可推卸的责任。政府在履行职责时，应当始终坚持公平正义理念，立足人的基本权利保护，平衡保护各利益主体的利益。中国《宪法》第33条第2款的规定也体现了公平正义理念。

中国目前正经历着迅速的社会转型，人们的权利意识不断提高，对利益的要求日益多样化，对公平正义的要求也在不断提高。法律是确保公平正义的有效方式。"法律旨在创立一种正义的社会秩序"①。行政合理原则可以看作是公平正义理论在行政法领域的具体运用，它要求行政措施应适当、合理、公正。在风险社会背景下，由于风险本身的不确定性和风险规制的特殊性，现行的立法受到了挑战。为了在应对风险中平等保护利害关系人的权利，应将公平正义的精神始终贯穿在权利保障中，并作为基本的价值标准使用，妥善协调各利害关系人的权益。

公平正义理论要求行政主体应平等对待公共警告中的各利害关系人，平衡保护公共警告中的多元利益关系。行政主体是否应当发布公共警告以及如何发布公共警告，应在公平正义理论的指导下谨慎决定，避免对利害关系人的合法权益造成不必要的侵害。如果违法或者不当的公共警告给利害关系人造成损失时，政府应当按照公平正义的原则给予相应的赔偿或补偿。

三 人权保障理论

人权是人之为人的应有权利。② 人权适用于所有自然人，生命、自由、平等、安全、财产是人的固有权利。

人权是每个人应该享有的不可侵犯的权利。国家的目的就是保护基本的人权不受侵犯。③ 中国已经将"国家尊重和保障人权"明确写

---

① ［美］博登海默：《法理学：法律哲学与法律方法》，邓正来译，中国政法大学出版社1999年版，第318页。
② 参见廖艳《论国际灾害应对法的人权转向》，《法学论坛》2018年第6期。
③ 参见［美］罗尔斯《正义论》，何怀宏等译，中国社会科学出版社1988年版，第56页。

入宪法。1948年《世界人权宣言》也明确了知情权的内容。知情权可以从中国宪法规定的公民言论自由权中衍生出来。"面对现代风险社会，公民知情权保障已成为风险治理现代化的逻辑起点。"① 2021年9月9日，国务院新闻办公室发布的《国家人权行动计划（2021—2025年）》将促进全体人民的自由全面共同发展作为人权事业发展的总目标。

随着理论和实践的发展，知情权的内涵不断丰富和发展。在风险社会中，保护公众对风险信息的知情权显得尤为重要，"风险信息成为新的知情权客体"②。在各种风险共生的当下，③ 政府应及时发布风险信息，满足公众对风险信息的需求，充分保障公众知情权的实现。越是身处风险社会，越需要捍卫基本的法治原则——保障人权、有限政府、人民主权等。④ 公共警告以其较好的灵活性、适用范围广等优势，成为保障公众风险信息知情权的有效方式，能够很大程度上避免或减少风险对公众造成的损害。

然而，任何权利的行使都不是绝对的，知情权也不例外。中国《宪法》第51条规定了公民行使权利的界限。公共警告是否发布，必须平衡公众的知情权与特定利害关系人的自由和权利的关系。因此，人权保障理论为公共警告利害关系人权益保障提供了有力的理论基础。

四 行政裁量收缩论

行政主体在是否发布以及何时发布公共警告等问题上有很大的裁量权。但是，行政裁量行为究竟是否能构成行政不作为？学者们对该问题的看法并不一致。许多学者认为行政裁量权的行使应限制在一定

---

① 周佑勇、朱峥：《风险治理现代化中的公民知情权保障》，《比较法研究》2020年第3期。
② 刘恒：《论风险规制中的知情权》，《暨南学报》（哲学社会科学版）2013年第5期。
③ ［德］乌尔里希·贝克：《风险社会》，何博闻译，译林出版社2004年版，第52页。
④ 参见徐显明《风险社会中的法律变迁》，《法制资讯》2010第Z1期。

的范围和程度。①

行政机关的裁量权应当受到限制，并且应当符合立法目的。在一定条件下，特别是当生命健康等重大权益面临紧急危险时，必须减少行政裁量，甚至可能减少到零。② 本来具有裁量空间的行政权力，转化成必须做出的义务。③ 否则就是不作为。这可以称为"行政裁量收缩论"。

"行政裁量收缩"具体可以分为"决定裁量的收缩"和"选择裁量的收缩"两种。其中，"决定裁量的收缩"是指行政主体决定是否作为的裁量权的收缩，甚至为零。这意味着行政主体必须作为或不作为。"选择裁量的收缩"是指行政主体决定作出行为之后，对于行为的时间、方式、步骤等方面的裁量收缩，甚至只能作出一种选择。

判断行政裁量行为是否违法，可以运用行政裁量收缩论来衡量。决定裁量的不当收缩是判断行政不作为违法的标准。④ 因此，通过运用行政裁量收缩论来判断发布主体在什么情况下必须采取行动，而不再有裁量权。否则，就构成不作为。

"行政裁量收缩论"在德国和日本已经被广泛运用。虽然中国大陆的行政立法对于行政裁量缩减问题没有明确规定，然而，法院已经在一些案件的裁判中自觉运用了行政裁量收缩理论，并在司法实践中

---

① 参见杨建顺《行政裁量的运作及其监督》，《法学研究》2004年第1期；余凌云《对行政自由裁量概念的再思考》，《法制与社会发展》2002年第4期；周佑勇《行政裁量的均衡原则》，《法学研究》2004年第4期；林卉《怠于履行公共职能的国家赔偿责任》，《法学研究》2010年第3期；王贵松《危险防止型行政不作为的赔偿责任承担》，《学习与探索》2009年第6期。

② 参见李建良《论行政裁量的缩减》，载翁岳生教授祝寿论文编辑委员会《当代公法新论》（中），元照出版公司2002年版，第117页。

③ 参见董保城、湛中乐《国家责任法——兼论大陆地区行政补偿与行政赔偿》，元照出版公司2005年版，第115页；朱新力《行政不作为之国家赔偿责任》，《浙江大学学报》（人文社会科学版）2001年第2期；[德]哈特穆特·毛雷尔《行政法总论》，高家伟译，法律出版社2000年版，第132页。

④ 参见王贵松《行政裁量权收缩之要件分析——以危险防止型行政为中心》，《法学评论》2009年第3期。

摸索出具体的审查标准。例如，在"丁卫义诉临海市公安局不作为行政赔偿案"中，法院考虑到生命权和健康权的重要性，在案件审理中运用行政裁量权收缩理论，对公安机关的履职（责）情况进行了审查，法院认为公安机关虽然出警，但没有尽到应尽的责任，仍然应当属于不作为。

行政裁量收缩理论的适用应当有较严格的条件限制，否则，就容易抹杀行政裁量本身存在的价值。那么，行政裁量权究竟应当在什么条件下收缩？换言之，行政裁量收缩理论的适用条件究竟是什么？学者们对该问题的看法不尽一致。根据日本行政法理论，行政裁量收缩的要件包括：保护特定私人利益；侵害或危险之性质、程度、现实性与急迫性；社会容许性之损害；回避可能性；期待可能性；防止可能性；预见可能性。①

本书认为，究竟何时适用行政裁量收缩理论，应在具体个案中进行分析。结合学者们的观点和实践中判例的经验，确定决定裁量最重要的要件是重大法益处于迫在眉睫的危险中，并且政府可以预见并预防这种危险。另外，选择裁量收缩要件构成的判断更加复杂，应结合个案进行具体的判断。然而，行政裁量权收缩理论的适用条件并不是一直不变，其适用条件与其所处的时代背景密切相关。尤其随着各种风险事件的频繁爆发，各国对行政裁量收缩理论的适用条件也在逐步放宽。例如，对于危险的迫切性要件的界定比较宽松，只是要求概率的存在即可。

政府有责任通过发布公共警告提醒公众注意风险。然而，政府在是否发布、何时以及如何发布公共警告方面有很大的裁量权。被害法益的重大性是行政裁量收缩的重要要件。② 如果有权发布公共警告的行政主体消极不作为，则会损害公众的生命、安全和其他主要法律利

---

① 参见［日］盐野宏《行政法》，杨建顺译，法律出版社1999年版，第464—465页。
② 参见王贵松《行政裁量权收缩之要件分析——以危险防止型行政为中心》，《法学评论》2009年第3期。

益，此时公共警告裁量空间将被压缩，发布主体就应当及时发布公共警告，否则就构成不作为。因此，行政裁量收缩论有助于判断公共警告不作为或违法作为是否成立。

第 二 章

中国公共警告利害关系人权益保障的实践及其不足

本章重点论证中国公共警告利害关系人权益保障的实践及其不足。中国公共警告利害关系人的权益得到了一定的保障,公共警告利害关系人权益保障基本有法可依,在一定程度上保障了公众的生命健康权,对特定利害关系人权益的保障力度不断提高。然而,公共警告利害关系人的权益保障仍存在一些不足,主要表现为公共警告不作为导致公众利益受损、违法发布的公共警告侵害利害关系人权益、公共警告的发布不当导致利害关系人权益受损。

第一节 中国公共警告利害关系人权益保障的现状

近年来,公共警告在中国社会治理实践中得到了广泛运用,利害关系人权益保障问题逐渐得到重视,中国初步建立了公共警告利害关系人的权益保障体系,公共警告利害关系人的地位得到了提升,公共警告利害关系人的权益得到了一定的保障。总的来说,公共警告利害关系人权益保障基本有法可依,公众的生命健康权得到一定程度的保障,特定利害关系人权益的保障力度不断提高。

一 公共警告利害关系人权益保障基本有法可依

公共警告是一种"助推"方式。助推虽然不具有强制性,然而,它却是一种较强的干预。在助推机制中,政府虽然没有对行为选择和目标进行强制性的限制,但是它试图使相应的对象自愿采取特定行为,这实际上是一种形式上不是干预,但其实是较强的干预。①

为了防止公共警告权的违法行使,必须要其进行规范和制约。法治是解决各种利益冲突的有效方式,"政府在所有活动中都受到事先确定并公布的规则的约束。"②"紧急不避法治",不能以风险的不确定性为借口而使公共警告游离于法律之外。陈新民认为,"现代法治国家要求任何行政行为皆须服膺依法行政之理念,事实行为亦必须服膺法律优越、法律保留以及比例原则。"③ 公共警告虽然属于一种行政事实行为,但是仍然可能会给相关利害关系人的合法权益造成侵害。"事实行为中仍有以产生事实上结果为取向,却欲发生法律效果之行为,此应属于权力行为。"④ 因此,公共警告这样的事实行为应该受到法律的规制,经由进一步的经验总结与规则表达,在法治框架下解决风险规制难题。而更为重要的是,"风险社会中最为稀缺的价值需求就是对于确定性的追求,法律作为一种确定性的价值在风险社会的运作中充当着最佳的调控模式。"⑤

当然,对权力的制约又不能过度以至于权力无所作为,⑥ 行政不作为以消极的方式损害了利害关系人的权益。晚近的禁止授权原则要

---

① 参见张力《迈向新规制:助推的兴起与行政法面临的双重挑战》,《行政法学研究》2018年第3期。
② F. A. Hayek, *The Road to Serfdom*, University of Chicago Press, 1944, p. 72.
③ 陈新民:《行政法学总论》,三民书局2002年版,第478页。
④ 转引自闫海、唐岫《食品风险公告:范畴、规制及救济》,《大连理工大学学报》(社会科学版)2013年第1期。
⑤ 杨知文:《风险社会治理中的法治及其制度建设》,《法学》2021年第4期。
⑥ 参见朱应平《风险社会的民生建设与能动性公法的应对》,《华东政法大学学报》2011年第6期。

求行政机关考虑成本,禁止它们以大规模增加其规制职权的方式来解释法律。① 由于风险的不确定性,立法对公共警告权的行使规制不可能规定的太细,否则会降低公共警告本身的灵活性。日本盐野宏认为,复效性处分从其效果所涉及的利害关系人的多样性及效果本身的多样性来看,是不能寻求千篇一律的解答的。② 因此,公共警告利害关系人权益保障的方法不能千篇一律,而应根据其与公共警告行为的关系采取相应的方法。

那么,究竟如何具体完善公共警告利害关系人权益保障的路径?美国盖尔霍恩认为,需要做出公开决定前的利益衡量、完善程序以及加强司法审查和完善规范。③ 科特斯提出建立明确的公开标准和公开程序,特别强调行政机构、议会和法院限制不利宣传的裁量权。④

即使风险具有不确定性,然而,公共警告权的行使也并不是不受法律的约束,而是仍然应从源头上对公共警告权进行有效的规范制约,否则很可能侵害利害关系人的权益。但是,公共警告不同于传统行政行为,如果要求立法者一开始就完整认识各种危险状态与侵害形态属于事实上不可能。⑤ 因此,立法应当在何种程度上约束和规范公共警告权,应当将传统行政法学原理和公共警告领域的特殊性相结合。

不受约束的行政权力必然会侵害权益,由于有权发布公共警告主体的裁量权较大,如果对其缺少必要的规范和制约,很容易导致公共警告有权发布主体的不作为或乱作为。因此,比较可行的路径是,公共警告利害关系人权益保障应当实现法治化,通过约束和规范公共警告权来保障公共警告利害关系人的权益。法治意味着任何行政权力都

---

① Cass R. Sunstein, The American Nondelegation Doctrine, 86 Geo. Wash. L. Rev. 1181 (2018).
② [日] 盐野宏:《行政法》,杨建顺译,法律出版社 2008 年版。
③ Ernest Gellhorn, Adverse Publicity by Administrative Agencies, Harvard Law Review, Vol. 86. No. 8, 1973, pp. 1380-1441.
④ Nathan Cortez, Adverse Publicity by Administrative Agencies in The Internet Era, Brigham Young University Law Review, 2011, pp. 1371-1454.
⑤ 参见黄俊凯《环境行政之实效性确保》,硕士学位论文,中国台湾政治大学,2000 年。

要受到规则的约束，公共警告权也不应例外。

公共警告属于中国《政府信息公开条例》中规定的一种特殊的政府信息公开方式。即，公共警告属于《政府信息公开条例》（2019年修订）第19条规定的"需要公众广泛知晓"的行政机关主动公开政府信息的情形。但是，公共警告具有较强的复效性，容易对特定利害关系人的权益造成侵害，因此，考虑公共警告的特点，应通过单行立法来具体构建公共警告的制度体系。

中国《宪法》关于人权的一般性条款要求"国家尊重和保障人权"，而且行政机关的职能在宪法中有规定，中国《宪法》第28条、第89条、第107条、第118条规定了行政机关的职能，这可以理解为公共警告发布的宪法依据。当前，中国尚无统一的公共警告立法，关于公共警告的规定大多分散在单行立法中。例如，《食品安全法》《传染病防治法》《突发事件应对法》《消费者权益保护法》等法律，除此之外，还有一些行政法规[①]、部门规章[②]以及行政规范性文件。中国相关立法对公共警告进行了初步规定，虽然很多法律条文仍然有立法疏漏，但这些法律规定已经初步确立了公共警告利害关系人权益保障的基本框架，并一直在不断完善中。可以说，公共警告利害关系人权益保障基本有法可依。

二 公众的生命健康权得到一定程度的保障

生命和健康权对每个人来说具有基础性意义。现代社会已经进入了风险社会，各种风险事故频繁发生，使人们的生命健康面临着极大的威胁。[③] 在食品安全、产品质量等领域存在诸多风险侵害问题的当下，公共警告作为政府重要的风险规制手段，其正确运用对于保障公

[①] 例如，《食品安全法实施条例》《突发公共卫生事件应急条例》等。
[②] 例如，《食品安全风险评估管理规定》《食品安全风险监测管理规定》《进出口食品安全管理办法》等。
[③] 朱春华、罗鹏：《公共警告的现代兴起及其法治化研究》，《政治与法律》2008年第4期。

众利益无疑具有重要意义。

行政主体通过发布公共警告,将可能对公众造成人身、财产伤害的危险信息及时地告知公众以引起其注意,弥补了传统强制手段的不足,有利于公众及时知悉风险信息以防范风险,在一定程度上保障了公众的生命健康权,为广大民众提供一种生存照顾。同时,公共警告发布后,对危险的发生源头(很多情况下是违法经营者)会产生较大的声誉影响,这种声誉机制能够及时启动市场驱逐式惩罚,有效阻吓违法者放弃潜在的违法行为。[1]

从我国风险规制的实践来看,公共警告一般在与公众生活密切相关的食品药品、产品质量、环境保护以及公共卫生等领域运用的比较广泛。例如,市场监管部门发布警惕食用河豚鱼引起食物中毒的食品安全风险警示;国家市场监督管理总局发布关于部分电动自行车充电口安全隐患的消费提示;气象主管机构所属的气象台站向公众发布的雾霾预警信息……政府部门通过及时发布公共警告,及时提醒公众防范风险,在一定程度上保障了公众的生命健康权。例如,当前中国已建成了广泛的地震预警网,成功地预警了多次地震,取得了良好的减灾效果。

三 特定利害关系人权益的保障力度不断提高

公共警告具有不同于传统行政行为的特点,它"具有第三人效果"。公共警告的目的是保障公共安全以及公众的权益,但很可能会对特定利害关系人的名誉权、财产权等基本权利造成克减,公共警告面临的往往是不确定的风险,将来是否必然会产生危害尚不能确定,所以行政机关是否可以为了保护公众未来并不确定的利益,而限制特定相对人的权益,这其实涉及风险规制下的利益平衡问题。由于公共警告本身的复杂性,一方面,如果政府不及时发布公共警告,将侵害

---

[1] 吴元元:《信息基础、声誉机制与执法优化——食品安全治理的新视野》,《中国社会科学》2012年第6期。

公众的知情权以及生命健康权等。另一方面，政府发布公共警告可能侵犯特定利害关系人的隐私权、营业自由、财产权等。因此，行政主体在有效行使公共警告权，保障公众的知情权、生命健康权等权益的同时，需兼顾特定利害关系人的权益。另外，行政权力天生扩张的天性决定了需要规范公共警告权。

利害关系人在维护其合法权益的过程中的积极参与以及利益诉求的主张，又能对公共警告权形成有效的监督和规范。因此，公共警告发布主体与利害关系人之间权力与权利关系以及利害关系人之间权利与权利关系在现实博弈中的良性互动，促进公共警告中新型互动式法律关系的生成和发展。因此，在公共警告权的行使过程中，决定是否以及何时发布何种公共警告，应当平衡保护公共警告中的公共利益与特定利害关系人权益。

近年来，"以人民为中心"的治理理念不断深入人心。特定利害关系人权益得到公共警告发布主体一定程度的重视，公共警告利害关系人的地位逐渐得到了提升，相关立法大多通过从主体、权限、条件、内容、程序、救济等方面对公共警告权的规范和约束来保障公共警告利害关系人权益。可以说，既有对公共警告利害关系人权益的实体保障措施，也有程序保障措施，既有事先保障措施，也有事后保障措施，最大限度地实现对不同利害关系人权益的兼顾和平衡。总体而言，中国特定利害关系人权益的保障力度不断提高。

第二节　中国公共警告利害关系人权益保障的不足

行政主体在应对风险时的反应不足和反应过度，都可能会侵害公共警告利害关系人权益。在实践中，对公共警告利害关系人权益保障仍存在诸多不足，主要表现为违法发布的公共警告侵害利害关系人权益、公共警告的发布不当导致利害关系人权益受损以及公共警告不作为导致公众利益受损。

一 违法发布的公共警告侵害利害关系人权益

为了应对风险,立法不得不赋予公共警告发布主体较大的裁量权。然而,由于行政权力本身的扩张性,如果没有完善的规制体系,很容易导致公共警告权的滥用,进而侵害利害关系人的权益。因此,行政机关不能仅仅为了管理的便利而随意发布公共警告。在实践中,存在一些违法发布公共警告的现象,侵害了特定利害关系人权益。在信息社会里,违法发布的"公共警告"对于特定商家是致命性打击,可能会导致企业破产,甚至使整个行业陷入萧条。例如,2009年"农夫山泉砒霜门"事件给农夫山泉造成了巨大的财产损失。

(一)违法发布公共警告的界定

违法公共警告概念的准确界定,是追究违法公共警告责任的前提,该界定直接决定了受违法公共警告影响的权益能否以及在多大程度上得到救济。公共警告违法发布有其特殊性。目前,学术界对这一问题的研究较少,学者们对其上位概念行政违法概念研究较多。因此,有必要借鉴行政违法的研究成果。但是,不能简单套用。探讨何谓违法公共警告,需要结合公共警告的特点。当前,我们必须深入观察公共警告在实践中的运行情况,在具体的公共警告领域里界定违法发布公共警告的概念。公共警告是对风险的判断,由于风险的不确定性和复杂性,因此,与传统的行政违法行为相比,对违法发布公共警告的判断更加困难。

徐信贵教授认为,对公共警告而言,"行政作为侵权主要是指因行政机关及其工作人员违反法律的规定,发布失真之公共警告信息,从而对他人合法权益造成侵害之情形。"[1] 本书认为,违法发布公共警告是指在发布公共警告过程中,行政机关存在违反法律规定的行为。

---

[1] 徐信贵:《政府公共警告不作为与作为的赔偿责任分析》,《吉首大学学报》(社会科学版)2012年第2期。

违法发布公共警告的构成不一定必须要求有损害发生。违法发布公共警告，强调的是违法行为的存在，并不要求必然发生危害后果。

然而，如何理解"违法"中的"法"？学者们对此有不同的看法。有学者认为，"法"应指的是成文法。① 陈敏教授认为："所谓之'不法行为'，系指公务员对人民执行职务行政公权力之行为，违反有效之法规范才而言。"② 还有学者认为，"法"不应限定于具体法律条文，还应该包括法律原则、判例、惯例等不成文法源。③ 还有学者认为，"法"应指的是职务义务。④

本书认为，上述学者的观点有其一定的合理性，但是，就公共警告行为而言，目前关于公共警告的立法相当不完善。在这种情况下，如果将违法发布公共警告中的"法"仅限于具体的法律规定，将不利于规范公共警告权的行使。此外，由于中国的法治建设还没有达到非常成熟的阶段，目前的法律文本本身也有很大的局限性，无法涵摄所有的法律原则。因此，"违法"中的"法"，它不仅包括宪法、法律、法规和有关规范性文件，而且包括行政法的原理和原则。虽然不作为也属于广义的"违法"，本章探讨的"违法"不包括不作为。

违法发布公共警告不同于错误发布公共警告，两者不是同一个概念。公共警告是对未来风险的判断，由于受风险不确定性和科技等因素的影响，行政机关在实践中很难作出绝对正确的判断。在面对不确定性危险时，国家作出的公共警告决定本身就是一项风险决定，如果片面追求公共警告内容的绝对正确，就会限制政府与民众之间的风险沟通，导致国家危险防御功能的萎缩。⑤ 换言之，如果过于强调公共

---

① 参见叶百修《国家赔偿法之理论与实务》，元照出版有限公司2009年版，第144页。
② 陈敏：《行政法总论》，2004年自版，第1116页。
③ 参见章剑生《作为行政法上非正式法源的"典型案件"》，《浙江大学学报》2007年第3期。
④ 参见杜仪方《行政赔偿中的"违法"概念辨析》，《当代法学》2012年第3期。
⑤ 参见徐信贵《基本权利保障视域下政府公共警告三阶审查模式》，《重庆大学学报》（社会科学版）2015年第4期。

警告内容的绝对正确性，可能会导致发布主体在发布风险信息时存在过多的顾虑。因此，立法大多采用不确定性法律概念来表述公共警告的适用条件，例如，中国《食品安全法》（2021年修正）第22条规定发布公共警告的条件是"具有较高程度安全风险"。国外公共警告立法也大体与此相似，德国《食品、日用品及饲料法典》第40条规定发布公共警告的条件是有充分的理由认为食品、化妆品或日用品等对人体健康有致害风险。因此，不能仅以公共警告内容不正确就认定公共警告违法，而是应就发布公共警告时的客观情境、行为主体的行为以及主观状态等因素作出综合判断。换言之，如果在公共警告发布的整个过程中没有违法行为，即使发布的公共警告错误或不准确，也不应属于"违法"。

（二）违法发布公共警告的表现形式

在风险规制实践中，出现了一些违法发布公共警告的案件。例如，1991年肠衣线事件中，行政机关在发布公共警告前未依法进行调查，且未将检测结果通知商户。2003年"豫花毒面粉"事件中，黄石市疾病预防控制中心不是法定的食品检测和食品安全信息发布机构。检验后在未与相关方核实的情况下发布公共警告。2007年广州毒水果事件中，公共警告发布错误。2009年"农夫山泉砒霜门"事件中，海口市工商行政管理局不是发布重大食品安全消费警告的法定机构，它在不通知商家检测结果的情况下就发布了公共警告。

对公共警告违法发布的案件进行类型化研究非常有必要，实践中违法发布公共警告的表现形式至少包括三种。一是发布公共警告的主体违法。如果公共警告的发布主体不具有发布公共警告权限，而且也没有被依法委托，那么其发布的公共警告属于违法行为。二是不符合公共警告的发布条件。公共警告因其本身的广泛影响性，容易给特定利害关系人造成不必要的损失。因此，公共警告的发布必须符合相应条件。否则，就属于违法。三是公共警告的发布程序违法。程序是否合法对于公共警告的发布非常重要。例如，除紧急情况外，在没有进行法定调查或利害关系人参与的情况下发布的公共警告是违法的。① 实际上,违法发布公共警告的表现形式远不止这些,其可能会呈现多种样貌,还需要我们进一步的持续观察。

(三) 违法发布公共警告的构成要件

如何判断公共警告是否违法？这需要运用违法发布公共警告的构成要件来具体判断。违法发布公共警告的构成要件是指构成违法发布公共警告所必须满足的条件,它是判断是否构成违法发布公共警告的必备条件。

公共警告以风险预测为基础,而风险具有不确定性,因此,公共警告属于典型的"面对未知而决策"。在紧急情况下,如果在查明所有事实后发出公共警告,可能会对公众造成无法弥补的损害,因此,基于事件的紧迫性、不确定性和复杂性等因素,行政主体不得不在风险信息的真实性还未完全查清的情况下发布警告,此时发布公共警告的行为是合法的。② 实际上,行政主体很难在短时间内准确判断风险,这意味着判断紧急情况下公共警告适用条件的标准应该更加宽松。特别是在食品安全领域,即使科学证据收集的不完整,规制部门也可以根据情况采取防范措施。美国食品药品监管局采取的一贯政策正如查尔斯·爱德华兹所言,面对生死攸关的问题,有时公众利益要求在科学信息不完全时采取行动,且该行动的目的必须倾向于保护消费者。③

结合公共警告本身的特点,本书认为,违法发布公共警告的构成要件应同时具备三个要件:

1. 违法发布公共警告的主体一般应具有行政主体资格

行为主体具备行政主体资格是构成违法发布公共警告的要件之一(依法委托的除外)。只有行政主体做出的行为才可能构成违法发布公

---

① 参见张桐锐《行政机关之公开警告与国家赔偿责任》,载李钦贤《现代法学之回顾与展望:李钦贤教授六秩华诞祝寿论文集》,元照出版有限公司2008年版,第668—670页。

② 参见赵颖《论公共应急行政补偿——以范围和程序为主》,《理论与改革》2012年第1期。

③ Ernest Gellhorn, "Adverse Publicity by Administrative Agencies", 86 *Harv L. Rev.* 1415 (1973).

共警告（依法委托的除外），非行政主体做出的行为不属于行政行为（依法委托的除外），不可能构成违法发布公共警告。由于该行为根本不属于行政活动的范围，所以很有可能属于民事活动。因此，违法发布公共警告的主体一般应具有行政主体资格。该主体可能具有发布公共警告职责，也可能不具有发布公共警告职责。例如，在豫花毒面粉案中，黄石市疾控中心不是法定的食品安全发布机构，其发布的公共警告是违法的。

2. 客观上表现为公共警告违反了行政法律规范

违法发布公共警告在客观上表现为公共警告违反了行政法律规范。"违法"是构成违法发布公共警告的核心要件。违法行为实质上包括作为和不作为。在此，主要论证积极的作为违法。"违法"是指行为违法还是结果违法？学术界对这个问题有不同的看法。有学者认为，"违法"指的是结果违法，只要公权力行为所生之结果系为法规所不容许，均属违法。[①] 还有学者认为，"违法"仅指行为违法，公权力的行使必须依据法律的规定而做出，否则即属于违法，不以损害结果的发生为要件。[②] 本书同意"行为违法论"的观点，因为结果违法论过于强调结果，而忽视了行为主体的客观行为是否违法。在风险规制实践中，由于未来风险的不确定性、科技检测水平有限、发布时间紧迫，很难保证公共警告发布的绝对准确。风险预防原则要求在紧急情况下，即使没有确凿的结论性证据，也可以采取风险防范措施。因此，判断公告警告的发布是否违法，不能简单地以最终发布内容是否正确为标准，不能对发布主体提出不切实际的过高要求。例如，在1996年日本"O-157食物中毒事件"中，在最终中毒原因确定之前，厚生省就公布了中期调查报告，东京高等法院认为这是非法的，因为行政机关对公布的信息没有做到审慎的注意义务。本书认为，东京高等法院的判决值得商榷。在紧急情况下，特别是当食品安全问题可能会产生严重

---

① 参见叶百修《国家赔偿法之理论与实务》，元照出版有限公司2009年版，第144页
② 王和雄：《行政不作为之权利保护》，三民书局1993年版，第233页。

后果时,即使没有足够的证据,也可以提前向公众发出警告。事后发现有错误的,应当出具更正声明并给予补偿。正如日本的铃木秀美也肯定了政府为了国家生命和人身安全而紧急发布不确定信息的合法性,因此造成的损害可以通过补偿途径解决。①

因此,本书主张以行为违法作为判断违法发布公共警告的标准。如果在发布公共警告的整个过程中有违反行政法律规范的行为,应认定为"违法",而不论是否发生危害结果。例如,在美国国际医疗系统公司案中,美国食品药品监督管理局向美国7000多家医院发出通知,称该公司的一些产品在无菌加工方面不符合标准,并构成"潜在的公共健康风险"。法院认为该警告信息超越了它的权限,违反了《食品、药品和化妆品法案》规定的只有在"药品……存在对健康的紧迫危险或对消费者的重大欺诈的情形"才能发布不利信息的要求。而法官认为被指控的违法事实已经得到了纠正。② 该案件是一种典型的违法行为,因为其在指控的违法事实已被纠正后,仍然对公众发出警告,违反了法律规定的发布警告的条件。

3. 违法发布公共警告的主观要件

对于传统的行政行为而言,如果行政行为违反了行政法律规范,则推定其主观有过错,当然,不可抗拒或不可预见的原因除外。如此规定的目的是防止行政机关以主观上无过错为借口来逃避责任。在判断是否构成违法发布公共警告时,应注意避免对公共警告主体及其工作人员产生的"禁言"效果。否则,这会妨碍其在风险信息不完全时发布警告,以致危害公共利益。③ 因此,如果为了公共利益的需要,"其事实是否在可能范围内,已经审慎并利用可供使用的信息来源,

---

① 参见[日]铃木秀美《行政の公表による信用毀損》,《法律時報》第75卷第12号,2003年11月。转引自王贵松《日本食品安全法研究》,中国民主法制出版社2009年版,第168页,注释3。
② 参见陈晋华《行政机关发布负面信息的法律控制研究——以美国食品药品监管为例》,博士学位论文,上海交通大学,2014年。
③ 参见朱春华《公共警告制度研究》,中国社会科学出版社2013年版,第148页。

可能情形也听取了受影响人的意见,且依情况,以尽力可达之可靠性予以查明。"只要行为主体没有违法行为,即使其发布了错误的公共警告,也可以推定其没有过错,不属于违法发布公共警告。但是,如果特定利害关系人的权益因此受到侵害,发布主体应视情况承担补偿责任。

二 公共警告发布不当导致利害关系人权益受损

"关于个人信息的处理如果欠缺适切性的话,就会发生不当的侵害个人的权利利益的事情。"[①] 实质法治意味着行政行为不仅要合法,而且要合理。不仅公共警告违法发布可能会侵害相关利害关系人的合法权益,而且公共警告发布不当也会给特定利害关系人甚至整个行业造成巨大损失。因此,我们不能只"强调行政活动的合法性而忽略了行政活动的最佳性"[②]。作为一种具有重大影响的风险规制手段,公共警告应谨慎使用,以最大限度地减少给利害关系人造成的损失。

(一)公共警告发布不当的概念厘清

在中国,行政不当行为概念有广义说和狭义说,广义说认为,行政不当行为不但包括合法但不合理的情形,也包括不合法的情形。狭义说认为,不当行政又称失当行政行为,是指"行政机关在法律所规定的范围和幅度内所作出的不恰当的行政行为,它是违反行政合理性原则的行为。"[③] 目前狭义说是学界的主流观点。

本书采用狭义说。行政不当行为本身具有不同于违法行政行为的特征。由于广义说不合理地扩大了行政不当的瑕疵范围,使"行政不当"概念的独立存在价值无法得到充分体现。区分违法发布和发布不当具有重要意义,一是两者相关利害关系人的救济途径不同。公共警告违法发布可能会引发赔偿,而公共警告发布不当可能会导致补偿。二是两者责任主体承担责任的方式和程度也不一样。

[①] [日] 盐野宏:《行政法》,杨建顺译,法律出版社 2008 年版。
[②] 章志远:《新时代中国行政法学研究的转型》,《中国社会科学报》2018 年 3 月 21 日。
[③] 胡建淼:《行政法学》,法律出版社 2005 年版,第 64 页。

公共警告发布不当是指发布主体发布的公共警告合法但不适当，即行为主体违反了行政合理性原则。然而，如果由于风险不确定、科技水平有限等因素导致公共警告发布不当，不应构成公共警告发布不当。当然，公共警告发布不当的内涵与外延也是相对的，其范畴会随着社会的变迁而有所变化。

（二）公共警告发布不当的表现形式

通过对中国风险规制实践中发生的公共警告发布不当事件的梳理和分类，总结公共警告发布不当的具体表现形式，主要包括但不限于以下五种情况。

1. 公共警告的发布内容不完整

公共警告的发布内容应当包括实质性信息，至少应满足风险防范的最低要求。因此，公共警告的内容不应仅限于提及风险本身，还应尽可能提及公共警告所依据的事实和可能的危害程度等内容。

在实践中，许多公共警告的内容是非常笼统和不完整的。由于种种原因，一些行政机关往往回避重要的风险信息，倾向于选择性地披露不重要的风险信息。例如，在2013年广州镉大米事件中，广州市食品药品监督管理局只公布了44.4%的大米和大米产品样品超标，但却没有披露超标的品牌、生产厂家和销售单位。后来，在公众和媒体的质疑下，发布机关才公布了涉案餐饮单位的名称。再后来，又经过公众舆论的追问，发布机关才公布了有关生产厂家和品牌。发布机关发布风险信息的消极做法，不利于公众防范风险。

2. 公共警告发布内容不客观

公共警告的内容应当客观，语言描述应客观理性，以保障公众和利害关系人的合法权益。否则，很可能会导致民众恐慌或者连累无辜主体的权益受损。一般来说，公共警告应准确地描述风险的来源、表现形式、概率、危害等。[1]

---

[1] 参见王贵松《食品安全风险公告的界限与责任》，《华东政法大学学报》2011年第5期。

然而，在紧急情况下，即使风险信息没有得到充分证据的证实，为了保护重大公共利益，行政机关也可以发布中间性公共警告，如果中间性公共警告与发布公共警告之后最终调查的事实不一致，但根据当时的情况是合法的。随后，经过最终调查，发布主体对公共警告内容进行了更正。在这种情况下，公共警告既不属于违法，也不属于不当。例如，一些市民饮用可口可乐美之源果粒奶优中毒，长春市食品安全委员会办公室向公众发出了提醒："近期勿饮用可口可乐美之源果粒奶优"。然而，后来发现中毒是由故意投毒引起的，而不是由于产品的质量问题。在这种紧急情况下发布的公共警告并不属于违法或不当。再如，2013年底，国家食品药品监督管理局、国家卫生和计划生育委员会在没有完全查明不良反应和死亡原因的情况下，在政府网站上发布公告，暂停使用康泰乙肝疫苗。但是，在不到一个月的时间里，证实上述症状不是由疫苗引起的。[①] 本案也属于紧急情况下发布的公共警告，这并不属于违法或不当。

3. 公共警告的发布内容模糊

发布内容的语言描述对公共警告的有效性非常重要。不同的语言表达方式会产生不同的公共警告效果。在实践中，一些公共警告没有清晰准确地表达风险信息，甚至具有误导性，就不能有效实现警示风险的效果。例如，对有问题的制造商、批次等信息的模糊描述。再如，如果在道路上设置的安全警示标志的形状、大小、颜色等要素不当，就很难起到警示作用。另外，公共警告发布内容的模糊会对该特定利害关系人及其同行形成牵连效应，产生负面影响。例如，在2006年"雅士利奶粉事件"中，国家工商总局发现雅士利中老年人奶粉的包装和标签不合格。然而，在发布公共警告时，国家工商总局错误地称该奶粉不合格，并称其为"十大不合格奶粉之一"。因此，消费者不再愿意购买雅士利的任何产品。因此，公共警告的模糊内容会误导公

---

① 袁端端等：《下一次疫苗事件，我们该避免什么——乙肝疫苗风波的冲突和反思》，《南方周末》2014年2月6日A3版。

众的消费选择,对涉案企业的声誉和收入造成损害。

4. 发布公共警告并不是恰当手段

公共警告不是唯一的一种政府风险规制手段。但是,由于发布公共警告的成本非常低,一些行政机关喜欢优先选择通过发布公共警告的方式规制风险。然而,这种忽视公共警告的负面影响,轻率过度使用公共警告的做法,也会导致政府部门的懒政,并且很可能侵害利害关系人的合法权益。例如,虽然一些制造商的产品存在轻微问题,但不会对消费者利益造成损害,在这种情况下,当政府可以通过其他手段解决问题时,如果轻率发布公共警告,经由复杂的社会机制的作用,导致公众过度反应,企业的利益将受到严重损害。① 尤其是在信息社会,过度使用公共警告也会降低风险规制的效果。

5. 其他不当行为

其他不当行为也会构成公共警告发布不当。其一,由于检验设备陈旧导致错误的公共警告也属于不当行为。2009 年"农夫山泉砒霜门事件"中,如果由于检验设备陈旧导致错误的公共警告结果,则属于公共警告发布不当。其二,发布草率也属于不当行为。例如,在中国的"肠衣线案"中,北京市卫生局怀疑产妇术后感染的原因是幸福工厂生产的肠衣线,于是就此事通知了北京医疗单位,幸福工厂的产品很快就卖不出去了。在幸福工厂提起诉讼后,卫生局承认了通知的草率,并取消了通知,而且对幸福工厂进行了补偿。其三,如果因为检验方法不当而导致检测结果失实发布的公共警告,也属于发布公共警告不当。例如,1999 年 6 月 25 日,株洲市卫生局宣布深圳纯净水为不合格产品,但是,后来却发现检测结果不准确是因为检测机构抽样方法不当导致。② 这也属于发布公共警告不当。

(三)公共警告发布不当的构成要件

构成要件是判断是否构成公共警告发布不当的标准。公共警告发

---

① 参见应飞虎、涂永前《公共规制中的信息工具》,《中国社会科学》2010 年第 4 期。
② 参见熊佩凤《卫生局公告惹风波 "骤死"企业怒索赔》,《三湘都市报》2001 年 12 月 30 日。

第二章 中国公共警告利害关系人权益保障的实践及其不足

布不当的构成要件应同时具备三个要件。

1. 行为主体必须是具有发布公共警告权限的行政主体

行为主体具有发布公共警告权限是构成公共警告发布不当的前提。公共警告发布不当，以合法性作为基础。换言之，"不当"是在合法前提下的不当。无权发布公共警告的行政主体发布的公共警告属于违法行为，不能构成不当发布。行为主体是否要求必须具有发布公共警告权限的行政主体资格，这是不当发布公共警告要件与违法发布公共警告要件的重要区别。

2. 客观构成要件是发布公共警告不恰当

公共警告发布不当的客观构成要件是行为人虽未违反行政法律规范，但发布公共警告不当。公共警告只有在符合合法性要件的基础上，我们才有必要进一步判断其是否适当。违法与不当不应混同。虽然，新《行政诉讼法》第70条将"明显不当"也纳入法院的审查范围，但是，这仅是扩大了法院的审查范围，但并不意味着"明显不当"属于"违法"的范畴。

然而，"不恰当"或者违背"立法目的"均是不确定性法律概念，需要在个案中进行具体化。换言之，是否构成"公共警告发布不当"，需要对公共警告发布行为进行综合判断，并可运用比例原则、正当程序原则等原则加以考量。在选择规制风险手段时，需考虑在特定的个案中，公共警告是否是预防该风险的适当手段？发布公共警告是否是对利害关系人造成损害最小的手段？发布公共警告可能造成的损害与所保护的公益是否成比例？公共警告的发布方式、时间、内容等是否恰当？例如，在1971年美国Bon Vivan奶油汤事件中，FDA得知有人吃了Bon Vivan奶油汤死于肉毒中毒后，就发布了一则新闻声明，谴责Bon Vivan糟糕的卫生条件和不完整的销售记录。然而，FDA后来发现，只有5罐奶油汤感染了肉毒杆菌，但公众已经不愿购买Bon Vivan的产品，该公司迅速破产。[①] 在该案中，由于公共警告的内容语言描述

---

① See Ernest Gellhorn, "Adverse Publicity by Administrative Agencies", 86 *Harv. L. Rev.* 1380 (1973), note 5, p.1409.

不当，给利害关系人造成了巨大损失，应当属于公共警告发布不当。

3. 主观上有过错

对于发布公共警告"不恰当"，需要探究导致公共警告发布不当的原因。如果是因为风险的不确定性、科技水平有限以及紧急情况等非主观因素影响，导致发布公共警告不当，应视为行为主体无过错，不属于发布公共警告不当。因为这些因素显然不受行为主体的控制。"非主观因素"的判断，这需要在个案中根据具体的情景去进行具体考量。例如，1969年，美国一个家庭因使用陶瓷餐具导致铅中毒。1971年，FDA得知有中毒儿童食用了原告公司销售的餐具中的食物。经检验，原告销售的餐具浸铅严重超标。1971年5月5日，FDA在与原告协商后警告公众，餐具中的釉料可能含有铅，会渗透到食物中。最后，原告向FDA证明，瓷器贴花造成的铅威胁与以前瓷釉的铅泄漏完全不同。FDA在之后的新闻发布会上做了更正。后来，原告要求FDA赔偿损失，但法院不予支持。法院认为，当FDA发布第一份新闻稿时，当事人并没有充分的证据来证明事实。FDA的声明指出，儿童疾病和餐具中的铅泄漏之间的联系还不明朗。因此，FDA的行为不属于滥用权力和商业诽谤，在当时的情况下是合理的。[①] 在该案中，FDA在发布不利信息时，并不知晓小孩患病和餐具铅泄漏之间没有关系，可认为FDA没有过错，不应当属于公共警告违法和不当。而另外一个案件与该案不同，在2006年美国"大肠杆菌事件"中，FDA在接到美国疾病控制中心关于袋装菠菜引发大肠杆菌病暴发的报告后，发布消费提醒，将预警范围扩大到"新鲜菠菜或含菠菜产品"，造成菠菜行业损失巨大。在该案中，FDA随意扩大了公共警告的范围，属于公共警告发布不当。

三 公共警告不作为导致公众利益受损

近年来，因公共警告不作为而导致公众利益遭受重大损失的情况屡

---

① 陈晋华：《行政机关发布负面信息的法律控制研究——以美国食品药品监管为例》，博士学位论文，上海交通大学，2014年。

见不鲜。本书主要论证公共警告不作为的概念、表现形式和构成要件。

(一) 公共警告不作为的概念

我国现行立法对公共警告不作为的概念没有明确界定，学术界也很少直接界定"公共警告不作为"的概念。徐信贵教授认为，公共警告不作为是指因行政机关及其工作人员违反法律规定，未发布或及时发布政府公共警告信息。① 从学者们对"行政不作为"定义的研究中，我们可以得到一些启示。国内学者对行政不作为的概念也没有形成统一的看法。其中，比较典型的有程序义务说②、实质行为说③、法定职责说④、法定作为义务说⑤等。本书认为，即使行政主体的外在表现是作为，如果其实质上没有履行法定职责，也应当是不作为。判断是否构成行政不作为，既要考虑程序标准，也要考虑实体标准。另外，就公共警告而言，公共警告发布者的主要义务来自行政主体的"法定职责"。通过对司法实践中一系列案例的观察，我们可以发现，行政不作为在实务界通常从广义上理解。在许多案例中，"不完全行为"和大多数拒绝履行的情况通常被归类为"不作为"。"不完全行为"是指行政主体虽然以外在形式表现为行为，但实际上并没有履行行为的义务。

本书认为，"法定职责说"更恰当地反映了公共警告领域的特点，更符合我国现行法律规定，也能真正实现实质正义。因此，公共警告不作为的概念可以界定为：有权发布公共警告的主体未按照法定职责及时发布风险信息，即"应当及时发布但不及时发布"。本书中所使用的公共警告不作为是一个广义的概念，包括未发布、不完整或延迟

---

① 参见徐信贵《政府公共警告不作为与作为的赔偿责任分析》，《吉首大学学报》(社会科学版) 2012 年第 2 期。
② 参见黄金富《行政不作为及其诉讼中的几个问题研究》，《法学论坛》2003 年第 5 期。
③ 参见黄学贤《形式作为而实质不作为行政行为探讨—行政不作为的新视角》，《中国法学》2009 年第 5 期；林卉《怠于履行公共职能的国家赔偿责任》，《法学研究》2010 年第 3 期。
④ 参见王振清主编《行政诉讼前沿实务问题研究》，中国方正出版社 2004 年版，第 159 页；庞明礼《对行政不作为的理论探讨》，《江西行政学院学报》2000 年第 3 期。
⑤ 参见王和雄《论行政不作为之权利保护》，三民书局 1994 年版，第 280 页。

发表，既包括程序上的不作为，也包括实体上的不作为。

（二）公共警告不作为的表现形式

公共警告不作为的表现形式是指公共警告不作为在实践中的具体外在表现形式，它具体包括但不限于三种：具有预见可能性而未发布公共警告、延迟发布公共警告、发布不全面。

1. 具有预见可能性而未发布公共警告

具有预见可能性而未发布公共警告包括两种情况，一是未启动公共警告程序。公共警告发布主体未采取任何行动，即公共警告程序尚未启动。二是虽然启动了公共警告准备程序，但没有及时发布公共警告。只要有权发布公共警告的主体未能在法定期限或合理期限内发布公共警告，就构成不作为，防止其以调查不完全为由不发布风险信息。在实践中，具有预见可能性而未发布公共警告常见的情形有：（1）因违法行为已被监管部门查处或者被媒体披露，但仍需发布公共警告的而没有发布。虽然有的问题产品因违法行为已被监管部门查处，但问题产品已在许多地方销售，如果不及时发布公共警告，损害仍然还会继续发生。另外，虽然媒体已经披露了一些违法行为或危险，但如果不及时发布公共警告，公众可能会怀疑媒体披露的信息的真实性，或者媒体传播的范围有限，这使得很多人无法及时获取风险信息，也构成公共警告不作为。（2）危险事件已经发生，并将继续或蔓延到其他地区，有关机关未及时发布公共警告。（3）刻意隐瞒风险信息。

2. 延迟发布公共警告

公共警告的最大优点之一是及时性。如果政府发布公共警告不及时，危害将迅速扩大。在实践中，有些公共警告是在媒体或许多公众意识到风险的时候才发布的。此时，发布公共警告已经没有意义。例如，"三鹿奶粉事件"、康菲漏油事件、北京福寿螺事件、"曲美下架事件"等。

3. 公共警告发布不全面

发布公共警告原则上应该包含符合预防风险的最低要求。如果行政机关只履行了部分职责，即不完全作为，也属于不作为。在实践中，一些公共警告的内容通常比较笼统、不完整，经常避重就轻，一些政府部门喜欢有选择地披露次要风险信息，而不是实质性信息。如果公众真正需要的重要和关键风险信息尚未公布，那就无法满足公众对风险信息的需求。

在实践中，公共警告不作为的表现形式远不止这些。随着社会的变迁，公共警告不作为可能会呈现更加丰富的样貌。

（三）公共警告不作为的构成要件

构成要件是识别公共警告不作为的标准，它直接决定了受公共警告不作为影响的权益能够得到多大程度的保护，而该判断应根据公共警告的特点来展开。本书认为公共警告不作为应该包括负有发布公共警告的法定职责、具有发布公共警告的现实可能性、未（及时）发布公共警告三个构成要件。

1. 负有发布公共警告的法定职责

公共警告发布主体应当负有发布公共警告的法定职责，这是构成公共警告不作为的前提。如果主体没有发布公共警告的法定职责，则不构成公共警告不作为。现行《行政诉讼法》及相关司法解释没有明确界定"法定职责"的含义。（1）"法定职责"中的"法"。发布主体发布公共警告的法定职责主要来源于法律规范对于公共警告的规定。不仅包括概括式立法规定，还包括立法具体直接赋予行政机关负有发布某种公共警告的职责。"法定职责"中的"法"，究竟如何来理解？本书认为，法定职责中的"法"，不但包括宪法、法律、法规、规章和行政规范性文件，而且还包括行政法原理、原则等。其中，宪法、法律、法规属于"法"的范畴，对于这一点，学术界已基本达成共识。然而，规章、规范性文件、行政法原理和原则是否属于"法"的范畴，学者们对此的理解并不统一。本书将规章、规范性文件、行政法原理和原则也归于"法"的范畴。（2）"法定职责"中的"职责"。"法定职责"强调政府必须依法行使自己的职权职责，这为行政权力的行使划定了底线。"职责"意味着不可随意放弃和转让，要求公共警告权的来源与行使都必须要有法律依据，以避免滥用权力或不作为。"法定职责"中的"职责"，它不仅包括法律规范中规定的行政主体的行政职责，而且在本质上还包括对行政职权的规定。行政机关的行政职权和职责是统一的。如果行政机关擅自放弃或转让行政职权，就构成不履行行政职责。为使行政机关更好地履行职责，行政不作为不仅应包括不履行法律规范规定的法定职责，还应包括不行使法定职权的行为。（3）应当发布公共警告的"应为性"。只有有权发布主体应当发布公共警告而没有发布公共警告，才可能构成发布公共警告不作为。发布公共警告并不是越多越好，究竟在什么情况下应当发布公共警告，在第四章第二节公共警告的适用条件部分有详细论证，在此不再赘述。

2. 具有发布公共警告的现实可能性

公共警告不作为的第二个要件是具有现实发布公共警告的可能性。具有现实发布公共警告的可能性是指具有现实发布公共警告的条件、能力等，而且这种条件和能力应该根据当时的情况而定。如果没有发布公共警告的现实可能性，则属于"公共警告不能"，不构成公共警告不作为。"公共警告不能"是指由于外部客观因素的限制，无法发布风险信息。外部客观因素主要是指不可抗力等非主观因素，而"不可抗力"的含义在我国行政法规范中并未明确界定。本书认为，不可抗力是指已经尽到注意义务，但灾难仍然难以避免。然而，并非所有的自然灾害都可以被认定为不可抗力。在自然现象导致的灾害不存在预见可能性以及社会现象导致的灾害不存在损害避免可能性的场合下，二者均可以被认为属于不可抗力。①

考虑到公共警告的特殊性，为了防止有权发布主体以未发现风险为借口逃避发布责任。因此，判断是否具有发布公共警告的现实可能

---

① ［日］植木哲：『災害と法：営造物責任の研究』、一粒社1982年版、第256页。转引自杜仪方《政府在应对自然灾害中的预见可能性——日本国家责任的视角》，载《环球法律评论》2017年第1期。

性，应该以有权发布主体对于风险是否存在预见可能性作为基础，并采用"盖然的预见可能性"判断标准。"盖然的预见可能性"是指当能够认定存在一般意义上的危险可能时，即使无法明确预测灾害发生的规模、时间等情况，行政主体就应当采取措施防止危害后果发生，否则，就认定其不作为。

3. 未（及时）发布公共警告

公共警告不作为的客观表现主要是未在法定期限或合理期限内（及时）发布公共警告或发布不全面。发布公共警告应保证及时性和有效性。发布公共警告的及时性意味着不允许迟延发布公共警告。发布公共警告的有效性意味着发布的公共警告应满足风险预防的最基本要求。

第三章

中国公共警告利害关系人权益保障不足的成因

本章主要论证中国公共警告利害关系人权益保障不足的成因,为第四章、第五章以及第六章权益保障的具体路径的论证提供基础。正如本书第二章所述,在中国公共警告实践中,一定程度上存在公共警告乱作为、不作为的现象,侵害了公共警告利害关系人的合法权益。可以说,中国目前总体上对公共警告利害关系人的权益保障仍显不足,其成因比较复杂,这不但与风险的特性有关,而且,与公共警告往往涉及多元利益关系、公共警告裁量权较大和公共警告法治化程度较低等原因有密切关系。本章分四节内容对这四方面成因分别进行论证。

第一节 风险的特性加大了正确发布公共警告的难度

我们正处在风险社会里,然而,究竟什么是风险?"风险"是指发生特定危险或损害的可能性,或者说是"特定不利后果的盖然性"。由此可见,"风险"并不等于"危险"。风险具有的潜在性、不确定性、知识依赖性以及社会建构性等特性加大了正确发布公共警告的难度,使得判断行政主体是否应该发布公共警告变得非常复杂。

第三章　中国公共警告利害关系人权益保障不足的成因

一　风险的潜在性

风险社会是"将未来引入现在",①许多风险的潜伏期很长,风险可能造成的损失或损害尚未发生,人们通常很难在短时间内发现其危害结果。人们很难从开始时就发现其危害性。风险是否会变成灾难,可能会存在多种可能性,即以后可能会发生危害性,也可能不会发生危害性。例如,当人们食用致癌食品时,通常会积累一定数量或需要多年才能发现其危害性,因此,风险具有潜在性,这就加大了行政机关判断是否应当发布公共警告的难度。由于风险的潜在,普通人很难及时发现风险。政府需要依靠其强大的人力、物力和财力向公众提供及时的预警。另外,在尚没有发生危害结果时,行政机关对于调查哪些风险具有较大的裁量权,这也为有权发布公共警告主体的不作为或乱作为提供了可乘之机或者借口。

二　风险的不确定性

公共警告发布的主要目的是警示风险。②然而,风险具有不确定性,这是风险的本质特征。

风险的基本特性包括危害性和可能性,即,危险的发生有一定的盖然性。③因此,"安全"通常不是绝对的,或者说,它只是风险概率的问题。风险具有不确定性是指在现有的科技条件和认知水平下,人类仍然不能科学地判断风险因素的作用机理、危害后果等问题。④我们无法确定,未来的危害将在何时、何地、以何种形式和在何种范围

---

① Niklas Luhmann, *Risk: A Sociological Theory*, translated by Rhodes Barrett, Aldine de Gruyter, 1993.
② 参见金自宁《"公法私法化"诸观念反思——以公共行政改革运动为背景》,《浙江学刊》2007年第5期。
③ 参见郭庆珠《风险规制与司法救济:从行政预测决定到风险警示》,《甘肃政法学院学报》2014年第3期。
④ 参见施立栋《我国传染病疫情预警制度之检讨》,《清华法学》2021年第2期。

内发生,①甚至科学有时亦无法判断危害是否会必然发生。例如,即使某种疫苗完全合格,也可能会使有的接种者出现副作用或者死亡,这就是所谓的"恶魔抽签"。而且,在评估风险的盖然性、评估方法、选择样本和因果关系等方面,都存在着不确定性。②人类无法根除风险的不确定性。哲学认为世界是可以被认识的。它强调世界最终可以被人类所认知,对认知时间、认知主体、认知空间等没有限制。而行政主体判断风险是否存在及其程度以及是否应当发布公共警告,却有认识时间、认识主体、空间、相关法律制度等因素的限制。由于信息缺乏和现有科技水平的限制,很多情况下人类很难准确判断风险的程度、危害和风险发生的可能性。因此,可以说,"风险信息区别于普通政府信息的最大特征在于内容、轮廓、边界的高度不确定性"③。

为了避免风险对公众可能造成的损害,行政机关的风险规制行为通常不得不"决策于未知之中"。④因此,基于预测而进行的行政活动,有一定的不确定性。⑤由于科技的限制,许多风险预测也存在误差,尤其在自然灾害方面、(例如地震和洪水等),风险预测的绝对准确性很难保证。换言之,风险的不确定性给传统行政法带来"不确定性"的挑战。⑥传统行政法的一些规制方法不能适用于风险规制行为。在紧急情况下,政府有时不得不在未知的情况下做出风险决策,也就是说,即使在没有完全掌握充分、确定证据的情况下也要采取措施,以防止或减少未来可能出现的不利后果。为了避免错误的风险规制行

---

① 参见沈岿《风险影响了法律什么》,《中外法学》2014年第1期。
② 宋华琳:《风险规制中的专家咨询——以药品审评为例证》,载《行政法论丛》第12卷,法律出版社2009年版,第141—164页。
③ 赵宏:《"未经授权不得披露"背后的信息公开制度与问题》,https://www.thepaper.cn/newsDetail_forward_5700131。
④ 参见叶俊荣《环境政策与法律》,月旦出版公司1993年版,第140页。
⑤ 参见陈春生《行政法上之预测决定与司法审查》,载陈春生《行政法之学理与体系——行政行为形式论》,三民书局1996年版,第183页。
⑥ 参见[英]伊丽莎白·费雪《风险规制与行政宪政主义》,沈岿译,法律出版社2012年版,第3—5页。

为对相关利害关系人的合法权益造成侵害,尽可能降低"未知"的程度,在风险规制过程中可以适当引入成本效益分析程序、风险评估、专家论证等内容。①

三 风险的知识依赖性

文明的风险一般只出现在物理和化学的方程式中。② 现代社会的风险更加复杂,风险的隐蔽性决定了其对知识具有依赖性。

在现代社会,许多风险已经超出了一般人的感知能力,人类已经无法完全依靠直接经验来识别或发现风险,因此,人们不得不依靠专业知识,依靠专家们特殊的认知方式、测量程序、统计调查③,去判断是否存在风险以及风险程度等问题。例如,人类一般无法用肉眼直接辨别添加剂滥用、微生物超标等食品风险,只能借助于专业人员的专业知识和专业设备的检测,因此,在公共警告决策过程中通常需要专家参与,这表明风险具有较强的知识依赖性。风险的知识依赖性表明,具有雄厚人力、物力、财力的政府发布公共警告具有必要性和正当性。

四 风险的社会建构性

风险是指可能发生的危险,它具有很大的确定性。一旦风险成为现实,它就是一场真正的灾难。风险在很大程度上受人类主观认知的影响。换言之,风险也是一种社会建构的产物。风险变为现实实际上是一个复杂多变的过程。可以说,风险是社会建构的过程,它是社会、政治、文化等多方面共同作用的结果。④

风险是否存在、存在多大程度的风险、危害后果、因果关系以

---

① 参见戚建刚《风险规制的兴起与行政法的新发展》,《当代法学》2014年第6期。
② 参见[德]乌尔里希·贝克:《风险社会》,何博闻译,译林出版社2004年版。
③ 参见[德]乌尔里希·贝克:《风险社会》,何博闻译,译林出版社2004年版。
④ 参见童文莹《现代社会风险的建构与应对逻辑》,《电子科技大学学报》(社会科学版)2012年第1期。

及风险在多大程度上能够被控制，都受到人的主观性的影响。行政机关、专家和公众对风险的感知会存在不同程度的差异。因此，风险不但具有客观实在性，而且还具有主观建构性的双重属性。① 也就是说，风险是主观与客观的结合，现代风险并非只具有"客观性"，人的一些主观方面在一定程度上也可能会使风险转变为现实或者使其进一步扩大，例如，认知危害性的能力、规避风险的能力等因素，这些都塑造了人们对风险事件的主观反应，从而建构了新的主观风险，进而影响人们应对风险的态度和行为选择，这就是风险的"建构性"，风险的社会建构强调社会因素在形成个人风险感知中的主导作用，从而证明社会结构与个人感知的相互作用可以产生新的风险。②

风险从来不是绝对的。风险的社会建构性特点表明，社会、政治、文化、心理等主观方面会对风险可能导致的社会后果产生或大或小的影响。一些原本很小的风险，但经过一系列心理、文化等因素的影响，最终也可能产生严重的后果。例如，判断失误或者其他原因的考量都可能会导致风险变成灾难或者扩大危害结果。因此，美国萨德曼提出著名的风险感知范式："风险=危害+愤怒"，其中，"愤怒"实际上是指公众的负面情绪，这种情绪会使公众对风险做出非理性的判断，它主要是由公众的风险感知引起的。因此，关注公众的风险感知对于风险防控非常关键。

人们往往通过政府部门、媒体等机构来知悉风险，风险经过这些机构的传播，不可避免地导致主观建构，使得主观建构后的风险与风险本身可能存在较大的差异。因此，在风险决定的作出过程中应当重视信息的正确传播，并有效吸收公众参与。同时，风险的社会建构性表明，风险规制行为本身也容易引发新的风险。法律需要妥善调和自

---

① 参见戚建刚《风险规制的兴起与行政法的新发展》，《当代法学》2014 年第 6 期。
② 参见刘岩《风险的社会建构：过程机制与放大效应》，《天津社会科学》2010 年第 5 期。

由与安全之间的关系。① 因此，行政法如何进行转型以适应风险规制的需要，这是摆在行政法学者面前亟须解决的难题。政府是否采取风险规制措施以及采取何种措施，人们能够接受什么样的风险水平？对这种风险的监管是否会带来新的风险？规制的经济可行性与社会可接受性如何？……这一系列问题都无一例外地和复杂的社会情境分不开。②

综上，风险的潜在性、不确定性、知识依赖性以及社会建构性等特性，给风险规制的立法、执法以及司法带来巨大的挑战，导致有权发布主体很难在"证据确凿"的情况下做出是否发布公共警告的决定。同时，风险规制的"决策于不确定性之中""有组织的不负责任"③，使得行政主体容易以风险的"不确定性"、科学技术水平有限等借口乱作为或不作为，而且能"科学"地逃避责任追究。

第二节 公共警告中的多元利益关系

由于涉他性公共警告涉及多元利益主体，因此，涉他性公共警告涉及利益关系往往复杂多样，利益诉求呈现多元化。利益关系的多元性使公共警告发布决定的作出变得复杂而困难。公共警告有权发布主体可能会受到利益关系的不当影响而导致公共警告不作为或乱作为，从而致使公共警告相关利害关系人权益受到侵害。

一 公共警告中的多元利益关系

"行政法律关系转趋多样化、多元化"④，行政法律关系可能涉及

---

① 参见郭红欣《基于风险预防的疫情预警机制反思》，《中国政法大学学报》2020年第4期。
② 参见金自宁《作为风险规制工具的信息交流以环境行政中TRI为例》，《中外法学》2010年第3期。
③ ［德］乌尔里希·贝克：《从工业社会到风险社会（上篇）——关于人类生存、社会结构和生态启蒙等问题的思考》，王武龙编译，《马克思主义与现实》2003年第3期。
④ 杨解君：《走向法治的缺失言说》，法律出版社2001年版，第321页。

多重利益,包括公共利益和个人利益①。按照公共警告内容是否会涉及特定利害关系人作为分类标准,可以将公共警告分为非涉他性公共警告和涉他性公共警告。

涉他性公共警告涉及利益主体多元,包括公共警告发布主体、公众和特定利害关系人,涉他性公共警告分别会对公众和其他利害关系人产生不同影响,并形成不同种类的法律关系。而且,在许多情况下,由于复杂和不可预测的因素,很难确定公共警告是否会损害第三方的利益,因此,这两种类型的公共警告有时很难加以区分。

涉他性公共警告事实上会对特定利害关系人的权益产生影响,客观上对于特定利害关系人会起到一定的规制效果,属于"具有第三方效果"②的行为。涉他性公共警告的发布涉及公共警告发布主体、特定利害关系人以及公众三方法律关系主体的权益,涉他性公共警告在提醒公众防范风险的同时,可能会对涉事商家的权益造成巨大影响。"经常对民众之生活与相关业者形成重大的事实影响,而足以左右、引导着人民之行止。"③ 由于涉他性公共警告具有明显的复效性特点,即涉他性公共警告具有保护公众权益和影响特定利害关系人权益的双重性质,因此,涉及的利益关系复杂多样,利益诉求呈现多元化。公共警告的发布,需要协调所涉各方利益关系,在互相冲突的各方利益博弈中形成良性互动。因此,涉他性公共警告应该受到更严格的法律规制。是否应当发布涉他性公共警告,发布主体通常会面临比较复杂的利益考量。

二 多元利益关系使公共警告发布决定的作出变得复杂

多元利益关系使公共警告发布决定的作出变得比较复杂,有时

---

① 参见杨解君《当代中国行政法(学)的两大主题——兼答王锡锌、沈岿同志》,《中国法学》1997年第5期。
② 参见[德]汉斯·J. 沃尔夫等《行政法》(第二卷),高家伟译,商务印书馆2002年版,第47页。
③ 黄俊凯:《环境行政之实效性确保》,硕士学位论文,中国台湾政治大学,2000年。

可能会对公共警告的发布产生负面影响。由于涉他性公共警告会对特定利害关系人的权益甚至可能对地方政府的经济利益造成重大影响。因此，在实践中，行政主体可能会被特定利害关系人或地方保护主义所"俘获"，从而导致公共警告不作为。一些产品出现问题的企业，喜欢与政府监管机构"建立良好关系"，通过权钱交易阻碍公共警告的及时发布。一些地方领导为了自己的"乌纱帽"和地方利益，无视公众的生命、健康，以冠冕堂皇的理由搪塞，不愿意发布公共警告甚至掩盖问题的真相。例如，有的地方政府故意隐瞒了水污染的真实情况，没有及时发布公共警告，导致了一定程度的社会恐慌。

因此，公共警告涉及的多元利益关系，使公共警告的发布变得更加复杂和困难。公共警告有权发布主体可能会受到利益关系的不当影响，而出现公共警告不作为或乱作为，从而致使公共警告相关利害关系人权益受到侵害。

第三节 公共警告裁量权较大

为了更好地实现政府的公共安全保障职能，风险的不确定性决定了公共警告裁量权存在的必要性。但是，公共警告裁量权较大容易导致公共警告权的滥用。

一 公共警告发布主体的裁量权较大

"自由裁量权是行政权的核心。"① 行政主体在行使公共警告权的过程中的裁量余地较大。裁量权的存在能更好地实现政府的公共安全保障职能，风险的不确定性决定了公共警告裁量权存在的必要性。

---

① 参见〔美〕伯纳德·施瓦茨：《行政法》，徐炳译，群众出版社1986年版，第566页。

(一) 裁量权的存在能更好地实现政府的公共安全保障职能

公共警告的发布是为了提醒公众预防风险或者维护公共安全,而政府在公共安全方面的职能,决定了其对私人权利的干预有时必须获得相对灵活的授权。[①] 面对千变万化的风险规制实践,为确保发布主体有效地行使公共警告权,法律规范一般比较原则、抽象,立法通常赋予发布主体在一定范围内在个案中具体处理的裁量权,以便使抽象的法律条文能够适用于鲜活的个案中。有限的法条无法完全准确地反映复杂的实践,……立法者为了行政的便宜,[②] 在有些情况下立法不得不使用"不确定法律概念"。因此,公共警告立法中存在很多诸如"公共利益""紧迫危险""及时""严重危害后果"以及"必要性"等不确定法律概念,必须在个案中才能具体化其内涵[③],这使行政机关有了很大的"判断余地"。[④] "不确定法律概念"本身具有的抽象性,使公共警告发布主体在决定是否发布公共警告时,经常要结合具体的个案进行裁量,将抽象的概念进一步具体化,综合考量在特定的情境下是否符合公共警告发布条件。

(二) 风险的不确定性决定了公共警告裁量权存在的必要性

风险的不确定性决定了公共警告裁量权存在的必要性。为了避免风险可能造成的无可挽回的损害,发布主体通常不得不"决策于未知之中"。对未知风险的预测需要相应的经验、知识、评估和分析等,立法机关往往无法事先准确预测风险的损害范围和程度,并予以明确规定,因此,立法不得不赋予行政主体在是否发布公共警告以及如何发布公共警告等方面较大的裁量权,以使之能够更好地应对不确定的风险。

---

① 参见林鸿潮《个人信息在社会风险治理中的利用及其限制》,《政治与法律》2018年第4期。
② 参见王贵松《行政法上不确定法律概念的具体化》,《政治与法律》2016年第1期。
③ 参见李震山《行政法导论》,三民书局1998年版,第65—81页。
④ 陈新民:《中国行政法学原理》,中国政法大学出版社2002年版,第147—151页。

二 较大的裁量权容易导致公共警告权的滥用

公共警告发布主体拥有的较大裁量权，使公共警告权的合法边界变得不明确，可能导致公共警告权的滥用，也使得判断公共警告权的行使是否合法问题变得更加困难。

政府的风险规制都包含政策判断。① 面对复杂的政策判断和利益博弈，而公共安全事件通常又变化迅速，公共警告发布主体在时间紧迫和危险迫在眉睫的压力下，需要迅速做出是否发布公共警告的决定，立法不得不赋予公共警告发布主体较大裁量权，这都加大了正确做出是否发布公共警告决定的难度，而裁量权的存在却会成为行政主体不行使职权和逃避责任的最佳理由，② 导致判断公共警告是否违法发布的难度就非常大。有些公共警告发布主体的工作人员可能会"浑水摸鱼"，以公共警告的发布存在裁量权为借口而滥用公共警告发布权，从而导致公共警告不作为或乱作为，致使公共警告相关利害关系人权益受损。

第四节　中国公共警告利害关系人权益保障的法治化程度较低

面对中国公共警告利害关系人权益保障中存在的诸多问题，解决的方法必然是走法治化道路。目前，中国公共警告利害关系人权益保障的法治化程度总体不高。中国尚无统一的公共警告立法，关于公共警告的规定大多分散在单行立法中。总的来说，公共警告的立法位阶总体偏低，大多数公共警告仅由规章以及规章以下行政规范性文件规

---

① 参见戚建刚《风险规制的兴起与行政法的新发展》，《当代法学》2014年第6期。
② 参见王贵松《危险防止型行政不作为的赔偿责任承担》，《学习与探索》2009年第6期；胡建淼、杜仪方《依职权行政不作为赔偿的违法判断标准——基于日本判例的钩沉》，《中国法学》2010年第1期。

定。公共警告立法已经远远滞后于实践中公共警告的发展,公共警告权没有得到立法较好的规制,导致实践中很容易出现公共警告乱作为或不作为,公共警告利害关系人的权益遭受侵害的案件频繁发生。以对公共警告利害关系人权益保障的手段和方式为内在逻辑,对公共警告权进行规范和约束,达到保障利害关系人权益的目的。公共警告利害关系人权益的保障,需要构建实体法、程序法和救济法三维制度体系。总的来看,公共警告法治化程度较低主要表现在实体法保障有限、程序法保障缺失、救济法保障不足三个方面,无法为公共警告利害关系人的权益提供有效保障。

一 中国公共警告利害关系人权益的实体法保障有限

实体法保障是通过健全实体法律规范体系,从源头上规范公共警告权以保障公共警告利害关系人权益。因为名誉权、商业信誉等权益一旦受到违法公共警告的侵害就很难恢复。通过制定规则厘定公共警告权的边界,预先确定公共警告利害关系人的权利和义务,使公共警告行为具有确定性以及可预见性。通过对公共警告行为进行正面指引和规范,有助于明确公共警告发布标准,为判断公共警告不作为或乱作为提供标准,从立法源头上规范公共警告权的行使。

目前,许多国家已发展了比较成熟的公共警告制度,例如,德国的公共警告制度、日本的消费危害情报制度等。中国尚没有公共警告的统一立法,有关公共警告的规定大多散见于单行立法中。例如,中国《突发事件应对法》中仅有三个原则性条款涉及公民的权利和权益保护。

目前,中国公共警告利害关系人权益的实体法保障有限,尚存在诸多立法空白甚至立法冲突和矛盾,主要表现在:一是发布主体和权限混乱。许多立法对公共警告的发布主体和权限的规定不明确,发布主体比较繁多、混杂,存在权责不清且相互交叉,容易导致公共警告权的乱作为和不作为;二是适用条件不清晰。立法很少明确规定发布公共警告的适用条件;三是发布内容的要求规定不明确。立法很少明确规定公共警告的内容要求,导致公共警告发布的内容非常随意,直接影响了公共警告发布效果。公共警告利害关系人权益的实体法保障在第四章会有详细论证。

二 中国公共警告利害关系人权益的程序法保障缺失

程序法保障是指通过完善发布公共警告的程序制度以保障公共警告利害关系人权益,它是从如何发布公共警告的视角,通过规范公共警告权行使的过程来防止公共警告权的滥用,换句话说,程序法保障解决的是发布公共警告应当遵循何种程序的问题。

学界通常热衷和擅长运用司法审查来约束行政权的滥用。但是,在风险社会里,公共警告的乱作为和不作为可能会给公众造成难以挽回的损失。即使通过司法审查,其遭受侵害的权益也很难得到有效的救济。不确定性状态下的风险规制不能仅仅依靠实体性规制,必须强调程序性规制。① 因此,晚近越来越转向对风险的过程予以规制。②

程序中的功能自治性是限制恣意的基本的制度原理。③ 科学合理的行政程序制度设计不仅可以提高行政效率,加强行政参与,提高行政民主化水平,实现效率与公平的价值平衡。④ 程序正义不仅有其独立的价值,而且是保证实体正义实现的手段。尤其是决策的最终结果非其所欲时,其对程序的公正性则更加关注。⑤

---

① 参见张锋《日本食品安全风险规制模式研究》,《兰州学刊》2019年第11期。
② 参见[英]罗伯特·鲍德温、马丁·凯夫、马丁·洛奇《牛津规制手册》,宋华琳、李鸻、安永康、卢超译,上海三联书店2017年版,第85页。
③ 参见季卫东《法治秩序的建构》,商务印书馆2014年版,第15页。
④ 参见谭宗泽、傅大峰《从规范程序到程序规范:面向行政的行政程序及其展开》,《行政法学研究》2021年第1期。
⑤ Celia M. Gonzalez, Tom R. Tyler, "Why Do People Care about Procedural Fairness? The Importance of Membership Monitoring", in Kjell Tornblom and Riel Vermunt (ed.), *Distributive and Procedural Justice: Research and Social Applications*, Ashgate Publish Company, 2007, p.93.

"正确的程序和理由是保障行政决定正确的关键所在。"① 公共警告利害关系人权益的程序法保障,实质是在行政过程论视角下,将行政过程中的各种行为形式全盘纳入视野并加以全面、动态考察。② 全面审视公共警告行为的整个过程,补足行为形式理论集中于"瞬间摄影"的片断式考察所带来的对整个行政过程的忽略。

世界上许多国家都制定了《行政程序法》或者在单行法中规定了程序,这有助于通过程序控制公共警告不作为或乱作为。例如,美国《消费者产品安全法》规定了消费品警告的预先通知—评论程序。③ 德国《联邦德国行政程序法》对受"具有第三人效果的行政行为"不利影响的第三人提供了保障措施。德国《生活必需品之执行法》第16条直接赋予消费品警告所影响的厂商一定条件下的听证权。④

传统行政行为的程序规制制度不能全部类推适用于公共警告。由于风险的不确定性和公共警告本身的特殊性,公共警告的发布应有其独特的程序体系,不能简单套用传统的行政行为的规制逻辑。否则,就可能不合理地压缩公共警告权的行使空间,使公共警告本身的灵活性、即时性等优势无法发挥。公共警告的发布程序体系应当根据公共警告在各领域的特殊性进行构建,其中一些程序比传统的行政行为可以宽松一些,而有些程序可能要更严格。通过规范公共警告权的行使过程,防止公共警告乱作为和不作为。

中国现行立法忽视了公共警告利害关系人权益的程序法保障,表现在三方面:一是立法中关于公共警告的程序性规定非常少,许多公共警告立法没有规定公共警告的程序,有的规定比较笼统,没有重视利害关系人程序权利的保障。二是发布公共警告过程中的公众参与规

---

① [德]汉斯·J.沃尔夫等:《行政法》(第3卷),高家伟译,商务印书馆2007年,第197页。
② 参见江利红《行政过程论在中国行政法学中的导入及其课题》,《政治与法律》2014年第2期。
③ 15 U.S.C. § 2055 (b) (1)
④ 参见张桐锐《论行政机关对公众提供资讯之行为》,《成大法学》2001年第2期。

定不足。许多公共警告立法对于当事人的参与没有明确规定，也没有重视利害关系人在参与公共警告中的重要作用。三是立法关于公共警告发布时限的规定不合理。由于公共警告利害关系人权益的程序法保障缺失，公共警告的裁量权没有得到有效规范，导致公共警告权容易被滥用。公共警告利害关系人权益的程序法保障在第五章会有详细论证。

三 中国公共警告利害关系人权益的救济法保障不足

公共警告利害关系人权益的事后救济也必不可少。救济法保障是指主要通过完善救济制度来保障公共警告利害关系人权益。公共警告利害关系人权益的实体法和程序法保障固然是必需的，但是，救济法保障也不可缺少。"无救济即无权利"，完善的救济途径对于公共警告利害关系人权益的保障非常重要。

公共警告涉及面广，无论是公共警告不作为，还是乱作为，都具有极大的强侵害性，应当通过相应的救济途径为那些利益受损害者提供救济，使公众及特定利害关系人之间的利益保持平衡。事后救济途径比较常见的有行政诉讼、行政复议、信访等。为了突出研究重点，避免面面俱到，本书对信访、行政复议等救济途径不再展开论证，而是集中笔墨力求系统地研究救济法保障中的司法救济问题。目前，中国公共警告的司法救济明显不足。司法救济具有中立性、权威性等特点，它应该成为保障公共警告利害关系人权益的有效方式。现行中国《行政诉讼法》的救济作用有限。《行政诉讼法》规定法院一般只能审查行政行为的合法性，特殊情况下才能审查合理性问题。而现行公共警告的实体法规定太少，导致很多公共警告侵权案件只能被视为不当行为，受到违法公共警告侵害的利害关系人很难得到有效的司法救济。公共警告利害关系人权益的救济法保障在第六章有详细论证。

第 四 章

中国公共警告利害关系人权益的实体法保障

本章论证中国公共警告利害关系人权益的实体法保障，主要从立法构建角度进行论证，并兼及实践中的具体问题。公共警告利害关系人权益的实体法保障，是通过规范公共警告的发布主体权限、适用条件、发布内容等实体要件，厘清公共警告权行使的边界，以事先制定规则的方式预防公共警告利害关系人合法权益受到侵害。

第一节 规范公共警告的发布主体和权限

公共警告应当由有权发布主体在其法定权限内发布。清晰界定有权发布公共警告主体范围及其具体权限范围，有助于防止公共警告权的滥用，避免可能对相关利害关系人造成的损害。

一 中国公共警告发布主体和权限的主要立法规定

公共警告的发布主体和权限应当由法律规范明确规定。虽然，中国部分立法明确规定了有权发布公共警告的主体，例如，《传染病防治法》（2013 年修正）第 20 条，《突发事件应对法》第 20 条、第 63 条以及《消费者权益保护法》（2013 年修正）第 37 条等。然而，在实践中，仍有许多主体发布公共警告没有明确的立法授权，而只能从行政机关的一般信息发布权限中推断出来。本书梳理了中国有关公共警告的发布主体和权限的主要立法规定。

（一）环境保护领域中公共警告的发布主体和权限

1.《环境保护法》中公共警告的发布主体和权限

中国《环境保护法》（2014年修订）第47条规定，县级以上人民政府负有及时公布环境污染预警信息的职责。

2.《大气污染防治法》中公共警告的发布主体和权限

中国《大气污染防治法》（2018年修正）第95条规定省、自治区、直辖市、设区的市人民政府有权发出预警。

3.《水污染防治法》中公共警告的发布主体和权限

中国《水污染防治法》（2017年修正）第69条规定县级以上地方政府组织环境保护等部门的调查评估。

（二）食品安全领域中公共警告的发布主体和权限

中国《食品安全法》（2021年修正）第5条规定国务院卫生行政部门负责食品安全风险评估，第22条规定国务院食品安全监督管理部门应及时发布食品安全风险警示，第137条、第142条、第143条、第144条、第145条规定了相关主体应当承担的责任。

（三）消费者保护领域中公共警告的发布主体和权限

中国《消费者权益保护法》（2013年修正）第4章规定，各级政府及其工作部门有警示消费者的职责。第37条规定，消协应当揭露和批评损害消费者合法权益的行为。《出入境检验检疫风险预警及快速反应管理规定》（2018年修正）第9条规定，国家质检总局有权发布风险警示通告。

（四）产品质量领域中公共警告的发布主体和权限

中国《农产品质量安全法》（2021年修订）第34条规定，监督抽查结果由国务院农业行政主管部门或者省、自治区、直辖市人民政府农业行政主管部门按照权限予以公布。

中国《产品质量法》（2018年修正）第17条规定，省级以上人民政府市场监督管理部门有公告权。第 24 条规定国务院和省、自治区、直辖市人民政府的市场监督管理部门定期发布其监督抽查的产品的质量状况公告。

（五）传染病防治领域中公共警告的发布主体和权限

中国《传染病防治法》（2013 年修正）第 19 条规定，国务院卫生行政部门和省级人民政府及时发出传染病预警。而第 38 条规定，国务院卫生行政部门和省级政府卫生行政部门定期公布传染病疫情信息。

（六）其他领域中公共警告的发布主体和权限

1. 突发事件应对领域中公共警告的发布主体和权限

中国《突发事件应对法》第 20 条规定，县级以上地方政府有权公布危险源和危险地区信息；第 42 条规定了预警制度；第 43 条规定县级以上地方政府有权发布相应级别的警报。

2. 药品管理领域中公共警告的发布主体和权限

中国《药品管理法》（2019 年修订）第 107 条规定，药品安全风险警示信息由国务院药品监督管理部门公布。如果影响限于特定区域的，也可由有关省级政府药品监督管理部门公布。

3. 防震领域中公共警告的发布主体和权限

中国《防震减灾法》（2008 年修订）第 29 条规定了国务院和省级政府发布预报意见的职能分工。根据《地震预报管理条例》第 14 条、第 15 条的相关规定，省级行政区域内的地震短期预报和临震预报，由省级政府发布。市、县级政府拥有一定的临震预报的发布权，但前提必须是在省级政府发布了地震短期预报之后。

4. 防洪领域中公共警告的发布主体和权限

中国《防洪法》（2016 年修订）第 31 条规定，地方各级政府应当建立并完善防洪预警。

5. 农业领域中公共警告的发布主体和权限

中国《农业法》（2012 年修正）第 34 条规定，国家建立粮食安全预警制度。

6. 对外贸易领域中公共警告的发布主体和权限

中国《对外贸易法》（2016年修正）第49条规定，国务院对外贸易主管部门和国务院其他有关部门应当建立货物进出口、技术进出口和国际服务贸易的预警应急机制。

二 中国公共警告发布主体和权限的立法缺陷

现行公共警告立法远远滞后于政府风险规制实践的需要，许多领域没有明确的法律授权行政机关发布公共警告，有些仅仅是规章以下的行政规范文件的授权。通过梳理有关公共警告的立法规定，不难发现，中国现行立法关于发布公共警告主体和权限的规定存在很多缺陷，主要表现为公共警告发布主体的规定不合理和发布主体的权限不清。

（一）公共警告发布主体的规定不合理

公共警告发布主体的规定不合理，具体表现为有的领域公共警告的发布主体过多、公共警告发布主体的级别设置不合理。

1. 有的领域立法规定的公共警告发布主体过多

有的领域立法规定的公共警告发布主体过多。例如，中国《水污染防治法》将治水的权限赋予了水利、环保多个部门。[①] 再如，有权发布消费公共警告的主体比较乱，立法将发布消费警告的权力赋予了卫生、旅游、消费者协会以及出入境检验检疫机构等多个部门。

如果同一领域多个部门都有公共警告的发布权，从表面上看，这似乎有助于公众获取风险信息。但是，如果公共警告的发布主体之间职能交叉、重叠，警示风险的效果会比较差。德国心理学家林格曼通过实证研究表明，许多人共同完成某种事情中的个人付出通常要比单独完成时少，即"社会懈怠效应"，也可以被称为"社会惰化作用"。社会心理学家拉塔奈认为，出现社会惰化可能是因为社会评价的作用、社会认知的作用、社会作用力的作用等三方面。因为很可能每个人都

---

① 参见吕忠梅等《长江流域水资源保护立法研究》，武汉大学出版社2006年版，第44—47页。

担心自己的付出多而吃亏。因此，如果行为的方法与目的不匹配会导致效率低下，所谓的"共同责任"实质上等于"无人负责"。如果多个主体对同一领域都有公共警告的发布权，可能会导致部门之间的权限职责不明、责任不清，容易出现相互推诿，导致公共警告不作为，而且很难进行监督问责。例如，在吴又平诉有关行政机关不履行事先通知法定职责案件中，实际的争议焦点涉及洪水预警问题，究竟哪个主体应当履行事先通知义务？由于立法规定的不明确，当事人吴又平先后起诉了多个行政机关，但都因被告不正确而败诉，可见，公共警告发布权规定的不明确不利于保护当事人的合法权益。

2. 公共警告发布主体的级别设置不合理

现行公共警告立法中规定的"上报""报告"制度，不利于公共警告的及时发布。例如，《突发公共卫生事件应急条例》（2011年修订）第15条规定了报告制度，但没有规定向有关人员发布公共警告。再如，《食品安全法》和《食品安全法实施条例》规定了"层层上报、统一发布"的程序。报告制度设立的本意是使信息发布更加谨慎。但是公共警告发布主体的级别设置过高，上报环节时间过多，容易导致发布公共警告不及时。例如，从《防震减灾法》第29条和《地震预报管理条例》第14条、第15条规定来看①，立法对发布地震公共警告的级别设置并不合理，在临震信息上报过程中地震很可能已经发生了，导致地震灾害公共警告发布不及时。例如，2010年4月14日，青海玉树发生了4.7级地震，但是在地震预报部门根据《防震减灾法》程序召开研判和会商会议期间，又发生了7.1级强震。再如，《传染病防治法》（2013年修订）第19条将发布预警的权限限定于国务院卫生行政部门和省级政府，该条款的规定将有权发布预警主体的

---

① 《防震减灾法》第29条以及《地震预报管理条例》第14条、第15条规定，对于地震中长期预报意见，仅有省级以上政府有权向发布；对于地震临震预报意见，只有在省级政府发布了短期预报之后，市、县级政府才可以在有明显临震异常的紧急情况下发布临震预报。

级别设计的过高,而那些有能力收集预警信息的主体却无权发布预警,这使得预警工作效率不高。①

(二) 公共警告发布主体的权限不清

立法对行政机关的权责仅作了比较原则的规定,主要因为现行的行政组织法存在许多问题:各个部门职权未法治化、中央行政组织与地方行政组织的关系未法治化、行政组织的建制原则未法治化。② 就公共警告发布主体而言,我国立法对公共警告发布主体权限的规定较为模糊,公共警告发布主体职能重叠、交叉,容易导致公共警告不作为和乱作为。例如,《气象法》和《环境保护法》对于气象和空气质量的预警预报职能的规定比较模糊,职能交叉重叠,导致发布霾相关信息经常不一致。再如,消费者保护制度、突发公共安全事件制度以及灾害预警制度存在重叠和交叉的情况,公共卫生安全事件中包括消费者权益保护的内容,洪涝灾害的预警工作中存在传染病等疫情的预防工作。另外,《水污染防治法》规定许多部门都有"治水"的权限,虽然立法确定了"环保不下河""水利不上岸"的权限划分。但是,"水是流动",岸上的污水通过管道流入河流,入水口是否有污染缺乏监管。③

三 公共警告发布主体和权限的立法完善

公共警告利害关系人权益保障法律制度的构建,不但应当立足于中国的现实,而且也应从比较法的视角进行深入分析研究。虽然国家与国家(地区)之间的政治、经济、历史和文化背景各不相同,但是,这并不能排除法律制度之间互相借鉴的可能性,它们都体现了民

---

① 参见陆娇娇、贾文键《新冠肺炎疫情中的德国公众沟通研究》,《德国研究》2020年第4期。
② 高秦伟:《完善行政组织法,加快建设法治政府》,《行政管理改革》2014年第11期。
③ 参见吕忠梅等《长江流域水资源保护立法研究》,武汉大学出版社2006年版,第44—47页。

主法治和权利保障的基本精神。目前,许多国家(地区)已基本建立了公共警告(或者与之功能相同或相似)制度,并且多年来运行良好,例如,德国的公共警告制度、英国的食品安全公共警告制度、美国的负面信息披露制度、日本的消费危害情报制度等。行政法学是具有高度政治性、社会性的学科,我们不应该简单地移植域外的制度或理论,而应深入考察被移植国的政治、经济、文化背景,分析制度或学说的问题意识与制衡体系。[①] 换言之,一国的法律制度的生成和发展依赖于该国特定的国情基础,如果只是照搬、效仿其他国家(地区)的公共警告利害关系人权益保障的立法制度框架,不但无益而且有害,因为在其他国家(地区)运行良好的制度未必适合中国。如果不能充分理解一国的制度背景和规制的意蕴,就不能试图设计一个规制框架,在规制中,一刀切是行不通的。[②] 因此,在借鉴国外公共警告利害关系人权益保障制度经验时,决不能简单模仿一国的制度体系,而是应客观理性地进行分析,既不能无视其优点,也不能忽视其不足之处,同时,更应充分考虑到其他国家(地区)的国情和中国的现实差异,探索适合中国国情的公共警告利害关系人权益保障体系。

公共警告权行使的边界应当通过规则来具体厘定,以预先确定公共警告利害关系人的权利和义务,使公共警告行为具有可预见性。公共警告应当由立法赋予的有权发布主体在其法定权限内发布。清晰界定有权发布公共警告主体范围及其具体权限范围,有助于防止公共警告权的滥用,避免发布主体乱作为和不作为,避免对相关利害关系人的权益造成侵害。由于公共警告适用范围广,而且每个适用的领域都有其特殊性,在短期内不适合制定统一的《公共警告法》。但是,为了提高针对性和可行性,可以在相应领域的具体立法中完善公共警告

---

① 参见郑春燕《转型政府与行政法治》,《浙江大学学报》(人文社会科学版)2021年第1期。

② 参见[英]罗伯特·鲍德温、马丁·凯夫、马丁·洛奇《牛津规制手册》,宋华琳、李鸻、安永康、卢超译,上海三联书店2017年版,第448页。

规定，并更适合各领域程序规则的特殊要求。通过多领域立法经验的积累，在条件成熟时可酝酿制定统一的《公共警告法》。完善中国公共警告的发布主体和权限的规定，需从限定合理的公共警告发布主体和明确界定发布主体的权限两方面着手。

（一）限定合理的公共警告发布主体

如果公共警告发布主体乱作为和不作为，可能就会侵害特定利害关系人的合法权益，也可能引起公众的虚惊和社会恐慌，因此，应当通过立法限定合理的公共警告发布主体。

公共警告不同于政府信息公开。公共警告是政府信息公开中的一种特殊形式。更具体地说，公共警告属于一种特殊的依职权公开政府信息的行为。公共警告发布的目的是防范风险，公共警告会因为公众信任了警告的内容而对利害关系人的权益产生实际影响。因此，公共警告不能照搬一般政府信息公开的规定，而是应该结合公共警告的鲜活实践，根据其特殊性制定有针对性的制度规范。

有学者认为，按照法律保留原则的要求，如果助推对基本权利干涉强或者涉及人员广泛，必须应当得到法律的明确授权。另外，行政机关在法律没有明确授权的领域承担着合宪性平衡责任——促使助推在限制自治和保护基本权利之间保持平衡，发展符合宪法与法伦理原则的行政规则。[1] 作为一种"助推"方式，公共警告发布主体的权限是否必须要有明确的法律依据？学者们对该问题的观点不一致。南博方认为，"发布告示，是行政权的当然权能，不需要有特别明文的根据。"[2] 也有学者认为，"有目的的信息发布和警告，只要涉及到某一特定公民、企业等，从基本权利的学理上看，就是干预行为。……绝不能从向公众发布信息的一般权限中，推导出干预公民权利的权力。"[3] 然

---

[1] 参见王本存《法律规制中的助推：应用与反思》，《行政法学研究》2021年第5期。
[2] ［日］南博方：《行政法》，杨建顺译，中国人民大学出版社2009年版，第68页。
[3] ［德］弗里德赫尔穆·胡芬：《行政诉讼法》，莫光华译，法律出版社2003年版，第452—453页。

而，考虑到公共警告的特殊性，以及目前公共警告立法的滞后性，实践中向公众发布信息与公共警告很难区分，因此，本书认为，公共警告的发布主体的范围不能限制的过于严格。公共警告的发布主体通常需要法律规范的授权或者至少需要依据法理或默示授权。德国联邦行政法院在1985年"对药品进行公开评估"的判决中，要求行政机关的警告行为不但应当有组织规范，而且还要有规范的权限依据。"国家权力的发动，若涉及人民权利之限制者，仍须另有具体的'权限规定'"。① 目前，在美国只有少数机关（例如食品药品监管局、消费品安全委员会等机构）的发布负面信息权被立法明确授权，而大多数行政机关最多只能从本机关拥有的一般信息发布权限中进行推断，而且这些机关也努力主张自己享有推断（默示）授权。②

公共警告发布主体应由什么层级的法律规范进行规定？本书认为，不必要求公共警告只能由狭义的法律规定，否则会损害其灵活性。盐野宏认为，公布违反事实不适用严格的法律保留原则，但制裁性意义上的公布违反事实应该由法令来创设。因此，考虑到法律的稳定性，它不可能频繁变动。公共警告权应由法律、法规和规章设定，规章以下的规范性文件可以进行具体细化规定。

另外，有权发布公共警告的主体应包括哪些？如果公共警告发布主体乱作为和不作为，就有可能会侵害利害关系人的权益。因此，不是所有组织都适合作为公共警告发布主体。中国大陆学者的主流观点认为，公共警告的发布主体应仅限于政府机关。然而，除了政府机关以外的其他主体是否有权发布公共警告？许多国家立法规定，一些社会组织也可以在法律范围内发布公共警告。本书认为，基于风险规制的知识依赖性和复杂性，公共警告发布主体应具备专业性和充足的财

---

① 李建良：《家庭即工厂——"职权命令"与法律保留原则》，《月旦法学杂志》1996年第13期。
② 参见[美]凯斯·R.桑斯坦《风险与理性——安全、法律与环境》，师帅译，中国政法大学出版2005年版，第331页。

力,来判断风险是否存在、风险存在的程度以及可能造成的危害。另外,为了使公众愿意相信公共警告内容的可靠性,从而达到行政主体通过发布公共警告预防风险的目的,公共警告发布主体应具有权威性和较强的公信力。

因此,比较可行的是,行政机关和法律规范授权的具有公共管理职能的组织可以成为公共警告发布主体。首先,行政机关应当成为公共警告的主要发布主体。行政机关对公众负有安全保障和生存照顾的义务,行政机关更有可能获得广泛、系统化的知识,[1] 行政机关具有的专业性、权威性、公信力、公共服务性、中立性等优势,使其适合于收集、评估风险信息,平衡不同利害关系人之间的利益。但是,并不是所有的行政机关都有权发布公共警告,应当根据相关领域的特点,有针对性地通过立法加以明确有权发布公共警告的行政机关。其次,在法律、法规和规章授权的情况下,具有公共管理职能的组织也可以成为公共警告发布主体。被授权的具有公共管理职能的组织具有社会公益性、专业性、公信力强的特点,它们是政府进行社会治理的重要和有益补充。例如,《消费者权益保护法》赋予消费者协会有权发布公共警告。另外,专家不应具有公共警告发布权限。不可否认,专家科研成果对于公共警告决定的正确作出具有重要作用,但专家不应成为公共警告发布的主体。"专家"的标准不但很难准确界定,而且,专家的观点不一定完全正确,不同专家对同一问题的观点也可能不一致,有时甚至矛盾。此外,有些专家也可能被利益所俘虏,提供歪曲科学精神的"专家结论"。简言之,专家的观点只是一种学术意见,专家并不适合发布公共警告。然而,这并不能否认专家参与发布公共警告的决策过程的重要性。

综上,有权发布公共警告的主体应仅限于立法规定的行政机关和法律规范授权的具有公共管理职能的组织,除此之外的其他组织和个

---

[1] 参见王锡锌《公众参与和行政过程:一个理念和制度分析的框架》,中国民主法制出版社 2007 年版,第 252 页。

人虽然可以在公共警告的发布过程中发挥积极作用,但不能成为发布公共警告的主体(依法委托的除外)。发布公共警告行政机关的级别不应太高。为了保障公共警告发布的及时性和灵活性,有些立法可以适当下放公共警告发布权,将发布之前的通报、上报制改为备案制。一般来说,立法可以授权县级以上政府职能部门发布公共警告。如果公共警告适用的地域范围较小,发布主体顾虑也会较小,造成的负面影响也相对较小。例如,可以适当下放短期地震预警权。

另外,一些学者提出,可以根据风险的严重性和紧迫性将风险进行分级,风险的级别不同,发布风险信息主体的权限也不应该相同,较高级别的风险需要上报,由上级机关发布公共警告。诚然,该建议的理论假设体现了谨慎发布公共警告的良好初衷,但是,分级制度在实践中不易操作。例如,如何科学地确定分级标准比较困难,由于风险的不确定性,行政机关不得不被赋予较大的裁量权,每个行政机关对风险的认识具有较大的主观性,分级可能导致行政机关之间相互推诿,耽误宝贵时间,容易导致发布公共警告不及时。

为了更好地发挥预防风险的作用,有权发布公共警告的主体在做出发布公共警告决定后,可以委托其他主体协助发布公共警告,例如,行政机关可委托通信部门发送短信、广播等。另外,其他社会组织、媒体、公众和利害关系人在发布公共警告中的重要作用也不容忽视。多元主体参与公共警告问题在第五章详细论证。

(二) 明确界定公共警告发布主体的权限

明确界定公共警告发布主体的权限是规范公共警告权的基础。针对中国现行立法发布公共警告权限不清的现状,需要通过完善公共警告立法,清晰地界定发布公共警告主体的权限,完善行政组织立法体系。行政组织法是规范行政机关职责权限方面最基本的规范,它划分了行政权力之间的权力界限。现行国务院组织法、地方人大及其政府的组织法对行政机关权限的规定比较原则,使得执行起来缺乏明确性。有必要以目前正在起草的行政组织法为契机,改变行政机关职权混乱的困境，科学划分行政机关的权限分工，从而明晰公共警告发布主体的权限。

同一领域的公共警告发布权应相对比较集中。从世界范围来看，绝大多数国家（地区）同一领域的公共警告发布权相对比较集中。例如，德国联邦消费者保护、食品与农业部是预防消费安全风险的最高行政部门。日本的消费危害信息制度主要由国民生活中心统一管理消费过程中的风险信息报告。① 与此相比，中国相关风险管理部门分散，同一领域发布公共警告的发布主体比较多，而且职权交叉，相互之间缺乏良好沟通，发布公共警告的标准不一致，在一定程度上造成了发布公共警告信息的混乱和低效。因此，中国需要进一步调整风险管理部门的职能权限。针对一些领域发布公共警告的主体过多过乱的问题，应当通过适时修改相关领域的单行立法，以行政任务为导向确定公共警告发布主体的权限，尽量避免多个部门有权就同一事项发布公共警告的现象，减少部门职权重叠，避免发布主体过多而导致发布结果互相矛盾。同时，明确公共警告发布主体的职责权限，避免权力边界的模糊，便于对其追究责任。如果某些公共警告的确需要多个主体进行发布，应尽可能具体划分每个发布主体的职责分工和责任边界，以避免职权的冲突或交叉，有利于对可能出现的公共警告乱作为和不作为进行责任追究。

促进风险监管部门之间良好的协作。行政机关在承担消费公共警告发布职责时，经常会面临不同行政机关之间的配合和协作。许多国家（地区）重视监管部门之间的协作，例如，德国消费公共警告发布主体的职责权限比较明晰，相互配合。虽然中国《食品安全法》（2021年修正）第8条规定了监管部门应当加强沟通、密切配合。但是，实践中监管部门之间仍然存在信息封闭、合作不畅，阻碍了公共警告的顺利发布，因此，有必要加强监管部门之间的信息共享、沟通与合作，② 不断推进风险治理部门的整合协同，提高它们之间的协

---

① 张惠君：《论析日本消费者保护行政体系》，《消费者保护研究》1997年第3期。
② 参见王贵松《日本食品安全法研究》，中国民主法制出版社2009年版。

调性。

(三) 提高风险评估的中立性

为了保证风险评估的科学性、中立性和公正性，许多国家的立法都采用了风险评估机构与风险管理机构分离的模式。例如，德国风险评估坚持独立、科学、客观、与风险管理分离的原则。① 联邦消费者保护、食品与农业部是德国预防消费安全风险的最高行政部门，其下设两个非常重要的机构，主要负责消费风险预防的相关工作。其中，联邦风险评估研究所负责风险评估和风险信息交流，并将风险评估结果提交给风险管理部门。② 另一个重要机构是联邦消费者保护与食品安全局，它是德国消费领域风险预警的协调机构，其工作职责主要是根据风险评估结果进行风险管理工作，负责消费者健康保护和食品安全的快速预警，并指导德国的食品安全风险预防工作。③ 再如，日本食品安全危害信息的发布遵循风险评估和风险管理职能相互分离原则，在风险评估完成后，由相关风险管理机构做出风险决策，能一定程度上保障风险治理的效果。2003年日本《食品安全基本法》规定，食品风险管理工作是由厚生劳动省和农林水产省负责，④ 两者都受日本食品安全委员会的指导和监督。食品安全风险评估和沟通工作是由食品安全委员会承担，为了便于开展工作，食品安全委员会设有许多专业调查小组（例如"风险交流专门调查小组"）。

根据中国《食品安全法》（2021年修正）第5条的规定，中国食品安全风险评估工作是由国务院卫生行政部门承担，国务院食品安全监督管理部门是风险管理部门，行政色彩较浓，风险评估的中立性有待提高。因此，应确保风险评估工作的独立性，并进一步规范风险评估程序。

---

① 参见钱永忠、郭林宇《德国食品安全风险分析概观》，《农业质量标准》2007年第4期。
② 参见杨明亮等《西方国家食品安全体系改革的动态》，《公共卫生与预防医学》2005年第2期。
③ 参见何丽杭《德国消费者食品健康保护组织体系》，《德国研究》2005年第4期。
④ 参见王殿华等《风险交流：食品安全风险防范新途径——国外的经验及对我国的借鉴》，《中国应急管理》2012年第7期。

第四章　中国公共警告利害关系人权益的实体法保障

第二节　明确公共警告的适用条件

任何公权力的行使都应该受到约束和规范，非权力性行为也不能例外。公共警告必须在法治轨道上运行，它的适用也是有条件的。政府对风险规制方式的选择有一定的裁量空间。行政主体发布公共警告不是政府风险规制的唯一手段，更不可能是在任何规制情景下的最佳选择。在特定情形下是否应当向公众发布公共警告，发布主体容易陷入决策困境，本节研究的就是发布主体究竟在什么条件下应当发布公共警告。

一　中国公共警告适用条件规定的反思

公共警告应当谨慎发布，它不能完全取代传统的强制手段。公共警告涉及公共利益与利害关系人之间的平衡。为了防止发布主体随意发布公共警告，有必要明确公共警告的适用条件，即发布主体在什么条件下应该发布公共警告。例如，德国联邦宪法法院判决认为，只要国家遵循发布资讯行为之条件，就未损害营业自由的保护范围。[1] 是否应该发布公共警告，尤其是涉他性公共警告应考虑公共警告对利害关系人权益可能造成的影响。现将中国主要立法规定的公共警告适用条件梳理如下：

（一）环境保护领域立法规定的公共警告适用条件

1. 《环境保护法》规定的公共警告适用条件

中国《环境保护法》（2014年修订）第47条规定，当环境受到污染，可能影响公众健康和环境安全时，应当依法及时发布预警信息。

2. 《大气污染防治法》规定的公共警告适用条件

中国《大气污染防治法》（2018年修正）第95条规定，发出预警

---

[1] 参见王韵茹《浅论德国基本权释义学的变动》，《成大法学》2009年第1期。

的条件是可能发生重污染天气的。

3.《水污染防治法》规定的公共警告适用条件

中国《水污染防治法》（2017年修正）第69条规定，公共警告适用条件是饮用水水源受到污染可能威胁供水安全的。

（二）食品安全领域立法规定的公共警告适用条件

中国《食品安全法》（2021年修正）第22条规定，发布食品安全风险警示的条件是食品可能具有较高程度安全风险。

（三）传染病防治领域立法规定的公共警告适用条件

中国《传染病防治法》（2013年修订）第19条规定，国务院卫生行政部门和省级政府根据传染病发生、流行趋势的预测发出传染病预警。

（四）突发事件应对领域规定的公共警告适用条件

中国《突发事件应对法》第43条规定，当可以预警的自然灾害、事故灾难或者公共卫生事件即将发生或者发生的可能性增大时，县级以上地方政府有权依法发布相应级别的警报。

通过以上的梳理发现，中国现行立法对公共警告适用条件的规定比较少，而且基本都是原则性规定，大多使用"具有较高程度风险"等不确定法律概念。公共警告适用条件规定的不完善，导致公共警告发布主体裁量权过大，容易产生不作为和乱作为，侵害特定利害关系人或公众的合法权益。因此，中国应尽早完善公共警告的法律制约机制，[①] 科学审慎地规定公共警告的发布条件。

二 国外公共警告适用条件的借鉴

为了防止发布主体随意发布公共警告，国外立法大多明确规定公共警告的适用条件。

---

① 参见徐信贵《德国消费危险预防行政中的公共警告制度》，《云南行政学院学报》2012年第5期。

第四章　中国公共警告利害关系人权益的实体法保障

(一) 国外公共警告发布条件的规定

德国相关立法对公共警告的发布设置了限制条件，以防止公共警告权的滥用。2005年德国《食品、日用品及饲料法典》第40条规定了发布公共警告的条件，即为了防御危险，主管机关可以向公众发布可能发生的风险信息，这是对公共警告发布前提条件的限定。另外，该法还规定在个别情形下虽然根据专业知识或者由于其他客观原因无法在必要的时间内排除不确定性，但是在至少可确认某产品将可能会给公众安全和健康造成危险有充分根据的情况下，有权机关可以发布公共警告。此外，该条款还规定了公共警告发布的时机条件：一是要求没有更加温和的措施可以替代；二是食品生产经营者未及时采取补救措施；三是，消费者在正常渠道下无法得到真实的消费信息。[①] 此外，德国《产品安全法》对产品安全公共警告的发布条件作了直接规定，即如果产品不符合安全性标准时，对相关消费风险有监管职责的机关可根据该法规定发布公共警告。另外，该法第8条对发布警告作出了必要的限制规定，要求只有存在"拖延的危险"时，才可发布公共警告。[②] 由此可以看出，德国立法对公共警告的发布设定了必要的限制条件，以防止政府机关滥用公共警告权侵害相对人的合法权益。[③]

英国1999年《食品标准法》规定了除非法律禁止，否则食品标准局通过监测获得的任何信息都可以向公众公布。这是关于食品信息公布比较笼统的立法规定。英国1990年《食品安全法》规定，当卫生大臣认为食品、食品来源存在或可能存在对健康造成伤害的紧迫风险时，可以发布"紧急控制命令"。这在立法上对食品安全公共警告发布条件进行了明确规定。根据该规定可知，发布"紧急控制命令"有两个必备要件，一是存在或可能存在对健康造成伤害的情

---

① 参见王贵松《食品安全风险公告的界限与责任》，《华东政法大学学报》2011年第5期。
② [德]哈特穆特·毛雷尔：《行政法学总论》，高家伟译，法律出版社2000年版，第396页。
③ 参见王廷瑞《德国瑕疵产品责任法》，《消费者保护研究》1995年第1期。

况,二是存在紧迫风险。在英国,在判断某一特定情况是否符合发布食品安全公众警告的标准时,需要考虑很多因素。例如,1999年英国《食品标准法》第23条规定食品标准局在行使其权力时应充分考虑两个主要因素:风险的性质和风险的程度,并注意现有信息的可靠性和确定性。由此可知,该法赋予食品标准局较大的裁量权,要求它在作出行政决定之前综合考虑所有可用的信息,而不能片面、孤立地进行判断。

美国1938年《食品、药品和化妆品法案》明确规定了FDA发布不利信息的条件,即相应产品存在"对健康的急迫危险或对消费者的重大欺诈"。[①] 1966年《信息自由法》明确规定了行政机构主动进行信息披露的义务和条件。1972年《消费品安全法案》详细规定了消费安全信息披露的条件和要求,以有效保护公众免受缺陷产品的侵害。美国消费安全信息披露主要针对可能给公众带来人身危险的产品。[②] 1973年美国行政会议提出了立法倡议,即如果没有合理且同等有效的替代方案,负面信息披露通常用于警告危害公共健康和生命安全的危险事件或可能造成重大经济损失的潜在风险。[③] 美国联邦贸易委员会制定了详细的负面信息发布政策,这体现在不断修订的行政法规、工作手册和指南中,从而较好平衡了行政效率、警示公众和保护私人利益之间的关系。[④]

日本出台了许多促进消费安全方面的法律规范,其中,比较典型的是《消费生活用品安全法》《消费者保护基本法》以及《国民生活中心法》等立法。[⑤](1)日本《消费生活用品安全法》规定了当产品

---

① See 21 U.S.C. § 375.
② 陈嘉音、杨悦:《美国FDA信息公开与保密的研究》,《中国药学杂志》2019年第1期。
③ 参见李云驰《美国、英国政府信息公开立法的比较与借鉴》,《国家行政学院学报》2012年第3期。
④ Nathan Cortez, "Adverse Publicity by Administrative Agencies in The Internet Era", 2011 B.U.L. Rev. 1416 (2011).
⑤ 参见张惠君《论析日本消费者保护行政体系》,《消费者保护研究》1997年第3期。

缺陷对消费者的生命健康构成威胁或大多数消费者担心这种危险时，有关部门可以通过发布危害预防令和紧急令，并采取紧急措施，如停止销售产品或回收修理产品等。（2）日本《消费者保护基本法》将防止危害发生放在重要地位，规定了发布危害情报信息的必要和前提条件①，即为了保护公民的生命、身体和财产不受商品和服务的损害，国家必须制定必要的商品和服务消费标准，并采取必要措施确保这些标准的有效实施。（3）1970年《国民生活中心法》规定了日本消费危害情报的发布条件，该法第18条是危害国民生活信息发布制度的授权和限制条件。该法要求国民生活中心在发布消费警示信息之前应进行确认，在确保警告能够及时发布的前提下，应尽可能谨慎地选择危险信息发布的措施，并严格遵守发布条件的规定。②（4）日本《食品卫生法》第63条规定了食品卫生机关公布危险信息的界限，即为了防止食品卫生危害的发生，可以公布被处理者的名称等，并说明食品卫生危害的状况。而且，警示性行为不需要严格适用法律保留原则。③

（二）国外公共警告发布条件的启示

绝大多数国家（地区）通过相关立法对公共警告的发布设置了限制条件，以防止公共警告权的滥用。一般来说，是否发布公共警告以及采取何种形式发布，应在进行风险评估的基础上，综合考虑是否存在可替代性措施并审慎地考量公共警告措施可能产生的影响。一国（地区）的立法在确定发布公共警告的适用条件时通常会考虑以下三方面因素。

1. 公共警告发布的前提是可能会发生危害公众的风险

公共警告不能随意发布，许多国家立法都设置了发布公共警告的条件，该前提条件通常是可能会发生危害公众的风险。例如，2005年

---

① 郭秋梅：《日本消费者保护简讯（一）》，《消费者保护研究》1996年第2期。
② 参见吕艳滨《信息法治：政府治理新视角》，社会科学文献出版社2009年版，第102—111页。
③ 参见王贵松《日本食品安全法研究》，中国民主法制出版社2009年版。

德国《食品、日用品及饲料法典》规定主管机关可以向公众提供可能发生的风险信息。美国1938年《食品、药品和化妆品法案》明确规定FDA发布不利信息的条件是相应产品存在"对健康的急迫危险或对消费者的重大欺诈"。美国1972年《消费品安全法案》规定消费安全信息披露主要针对可能给公众带来人身危险的产品。1973年美国行政会议提出了立法倡议，负面信息披露通常用于警告危害公共健康和生命安全的危险事件或可能造成重大经济损失的潜在风险。日本《消费生活用品安全法》规定当产品缺陷对消费者的生命和健康构成威胁或大多数消费者担心这种危险时，有关部门可以发布危害预防令和紧急令，并采取紧急措施等。

2. 允许在不确定的紧急情况下发布公共警告

为了能够及时防范风险，多数国家（地区）相关立法允许有关机关在不确定的紧急情况下发布公共警告。例如，2005年德国《食品、日用品及饲料法典》规定在个别情况下，尽管根据专业知识或其他客观原因不可能在必要的时间内消除不确定性，但是，有权机关在至少可以确认产品可能对公共安全和健康造成危险的情况下可以发布公共警告。

3. 在有必要时才能发布公共警告

为了防止公共警告权的行使对他人权益可能产生的侵害，并平衡行政效率、警示公众和保护私人利益之间的关系，绝大多数国家（地区）相关立法对公共警告发布设定了必要的限制条件，在有必要时才能发布公共警告。例如，德国《产品安全法》第8条对发布警告的行为作出了限制规定，要求只有存在"拖延的危险"时，才可发布公共警告。2005年德国《食品、日用品及饲料法典》规定了公告发布的时机条件：一是要求没有可以替代的更加温和的措施；二是食品生产经营者未及时采取补救措施；三是消费者在正常渠道下无法得到真实的消费信息。

三　完善公共警告的适用条件

学者们对于究竟应当"在什么情况、在什么时机以及在何种程度"进行风险预防问题的观点并不一致。① 包括《温斯布莱德声明》②在内的一些观点对应当实施干预风险的条件规定并不严格，而有些立法将干预风险的前提限定于"那些严重的或者不可逆转损害的威胁"，例如，《里约环境与发展宣言》的规定③。

公共警告的适用条件不宜过于严格，以免影响政府规制风险的能力，另一方面，公共警告的适用条件不应过于宽松，以免损害当事人的合法权益。如果要求立法者一开始即完整认识各种危险状态与侵害形态，并对此等复杂事态与定期特殊构成要件与法律效果，乃事实上不可能。④ 德国联邦宪法法院认为，"由于国家资讯行为的对象与实施方式是如此的多样性，因此立法者在认知与处理可能性受限的情况下，至多只能够以一般使用的模式和概括条款对之加以规定。"因此，立法应给予公共警告发布主体一定的裁量空间。

（一）禁止适用公共警告的情形

公共警告的发布应该有禁区，不是任何信息都可以向公众披露。公共警告发布禁区的设置应当科学合理。例如，美国的《消费品安全法》规定，法律不允许向公众披露的信息不得披露。中国公共警告的禁区范围立法并没有明确规定，可适当参考《政府信息公开条例》（2019年修订）第14第、第15条、第16条的规定。由此可以推断，国家秘密，法律、行政法规禁止公开的政府信息，以及公开后可能危及国家安全、公共安全、经济安全、社会稳定的信息，属于禁止公开的范围，而商业秘密和个人隐私属于相对不能公开的信息，但是，经第三人同意披露或者行政机关认为不披露会对公共利益产生重大影响

---

① See Jutta Brunnee, "The Precautionary Principle And International Law, The Challenge Of Implementation", *American Journal of International Law*, Vol. 91, 1997, p. 210. 转引自赵鹏《风险、不确定性与风险预防原则——一个行政法视角的考察》，《行政法论丛》2009年第1期。
② 《温斯布莱德声明》规定"当一项活动对人类健康和环境产生威胁时"，即可以实施干预。
③ 《里约环境与发展宣言》第15条。
④ 参见黄俊凯《环境行政之实效性确保》，硕士学位论文，中国台湾政治大学，2000年。

的，也可以披露。但是，应当正确理解"社会稳定"的理由。如果对公众危害极大的风险，即使公布后可能造成社会不稳定，行政主体也要进行综合考量后依法发布。在以后条件成熟时，应通过制定或修改具体立法的形式明确规定适用公共警告的禁区。

（二）适用公共警告应考量的因素

如果不属于适用公共警告的禁区，在法律没有明确规定的情况下，是否应当发布公共警告，应当考虑诸多因素，需要在具体个案中使用法益衡量方法。之所以要使用法益衡量方法，是因为缺乏一个由所有法益及法价值构成的确定阶层秩序，[①] 许多权利处于不确定位阶，如果要解决权利之间的冲突，需要在个案中进行具体考量。[②] 通过使用法益衡量方法，坚持整体利益最大化的原则，妥善处理公共警告多元利益关系之间的冲突。

为了避免公共警告的"乱作为"和"不作为"现象，公共警告的发布需要考虑很多因素。公共警告是否应当发布需要进行慎重决定，这就涉及政府规制策略的选择。行政机关在采取危险防卫的措施之前，必须尽可能基于确认的事实和可比照的类似案件的经验，对未来事态的发展作出相当确信的预测。[③] 一般地，非涉他性公共警告不会涉及特定利害关系人，其适用条件应相对比较宽松，而涉他性公共警告涉及特定利害关系人权益，因此，涉他性公共警告的适用应更加谨慎，其发布条件应更加严格。

公共警告发布主体在裁量的范围内，应适当考虑不能或难以量化的价值，例如，公平、平等。一般来说，"理性"与否必须结合一定

---

① 参见［德］卡尔·拉伦茨《法学方法论》，陈爱娥译，五南图书出版公司1996年版，第313页。
② 参见林来梵、张卓明《论权利冲突中的权利位阶——规范法学视角下的透视》，《浙江大学学报》（人文社会科学版）2003年第6期。
③ 参见陈春生《行政法上之预测决定与司法审查》，载陈春生《行政法之学理与体系——行政行为形式论》，三民书局1996年版，第183页。

的情境进行判断①，是否决定发布公共警告，主要考虑五方面因素，即：与公众利益是否密切相关、目的是否正当、对公众的危害（危急）程度、是否有更好的可替代性措施以及对特定利害关系人权益的影响程度。

1. 与公众利益是否密切相关

广泛影响性是公共警告最突出的优势之一，因此，公共警告比较适合运用于与公众生产、生活密切相关的食品药品、产品质量等领域和事项。如果仅涉及特定个人利益而非公众利益的危险事项，通常不宜发布公共警告。例如，美国消费品安全法案规定，信息发布主要针对可能导致公众人身危险的产品。然而，公共警告的发布涉及多元利害关系人的权益，应尽量避免损害特定利害关系人的权益。即使是与公共利益密切相关，是否发布公共警告还需要考虑其他因素。

2. 目的是否正当

政府拟要采取的风险规制方式应当与风险规制目的相匹配。公共警告的发布目的必须正当，符合立法目的，也就是提醒公众预防风险。政府在选择风险规制方式时，要考虑该方式是否有利于规制目标的实现。公共警告不能用来作为政府部门滥用权力、打击报复的工具。不能否认的是，实践中出现的一些食品安全公共警告事件，不排除是一些企业通过贿赂发布主体的工作人员，以"公共警告"的名义打击报复竞争对手。

3. 对公众的危害（危急）程度

不同危险对公众的危害（危急）程度可能也不相同。例如，食品药品如果可能具有致癌性就比微量元素超标的危害大的多。并非在所有危险或有害的情况下都应通过发布公共警告的方式来应对风险，尤其是涉他性公共警告的发布应当更加谨慎，一般需要对公众的危害（危急）达到一定程度才能发布。因此，有必要对当时的危险状态对公众的危害（危急）程度进行分析、评估。在紧急情况下，如果对不

---

① 参见金自宁《风险决定的理性探求——PX 事件的启示》，《当代法学》2014 年第 6 期。

特定多数人可能产生高度安全风险，若使用普通行政手段难以消除的，可以发布公共警告。德国 1997 年的《产品安全法》第 8 条规定，只有存在拖延的危险时才能发布公共警告。① 中国《食品安全法》第 22 条规定，对于可能存在高安全风险的食品应发布风险警示。虽然有违法行为但对特定利害关系人的危害较小，或者对危害已经采取有效措施的情况，不宜发布公共警告。这体现了在决定是否发布公共警告时应遵循的必要性原则。

面对风险的不确定性，如果有合理的根据怀疑可能发生比较严重危害的后果时，公共警告发布主体在完全证明危害之前，并不是不能发布公共警告。桑斯坦指出当风险具有巨灾性最差情形，或面对不可逆的危害时，即使现有信息不足以使规制者对发生风险或危害的可能性作出可靠判断，仍可以采取特定措施以消除这些风险。② 例如，根据初步检测报告，美国食品和药物管理局声称 Stokley-VanCamp 法式切片绿豆被肉毒杆菌感染。但是，最终检测结果证明并不存在感染问题，因此食药局不得不撤销之前的警告，对此，食药局重申了"为保护公共利益，不得不在科学测试结果出来前便采取警示措施"的立场。③ 再如，1993 年美国发生的费舍尔兄弟案中，法官肯定了在风险不确定但紧急情况下，行政机关为了保护公共利益发布不利信息的做法。④

4. 是否有更好的可替代性措施

政府的风险规制手段不仅应当合法，而且还应合理。政府应当避免对某种规制工具的特别偏好，⑤ 而在特定情景下，应选择以较小的

---

① 参见[德]哈特穆特·毛雷尔《行政法学总论》，高家伟译，法律出版社 2000 年版，第 396 页。
② 参见[美]凯斯·R. 桑斯坦《最差的情形》，刘坤轮译，中国人民大学出版社 2010 年版，第 116、167 页。
③ Richard S. Morey, Publicity as a Regulatory Tool, 30 Food Drug Cosm. L. J. 469 (1975), p. 472. 转引自陈普华《行政机关发布负面信息的法律控制研究——以美国食品药品监管为例》，博士学位论文，上海交通大学，2014 年。
④ Fisher Bros. Sales. Inc. v. UNITEd STATES, 46F. 3d 279 (1995).
⑤ 参见应飞虎、涂永前《公共规制中的信息工具》，《中国社会科学》2010 年第 4 期。

牺牲而能获得较好规制效果的风险规制工具。需要清楚的是，公共警告既不是唯一的政府风险规制手段，也不是在任何情况下最佳的规制手段。我们应该理性、审慎地判断公共警告是否是防范该风险的适当手段。如果有很多手段可以防范这种风险，那么应考虑有没有比公共警告更好的手段？对于商家已经采取有效补救措施或者行政主体可以采取对特定利害关系人损害较小的措施（如责令停止违法行为并改正、行政处罚等），则不应发布公共警告。

5. 对特定利害关系人权益的影响程度

法律保障的是多样的利益。① 公共警告是否发布，不仅要考虑保护公众的知情权、健康权和生命权等权益，还要考虑对其他利害关系人的权益可能造成的损害。即，应考量公共警告的发布可能避免的危害和可能造成的损失之间的大小，如果公共警告的发布会严重影响特定利害关系人的利益，那么应当只有在确有必要时才能发布公共警告。在个案中，通过考虑相关的因素，来评估公共利益和个人权利的价值等级，对于等级更高的要优先保护其合法利益。德国毛雷尔认为行政机关在发布公共警告前，必须仔细审查产品对消费者的危险情况以及警告对产品生产者、销售者的影响程度，对生产的损害应当尽可能小。②

综上，行政主体是否应当发布公共警告，首先要考虑不同类型，然后再考虑相关因素，选择更具"情境合理性"的规制方式。在相关立法中，应当明确规定公共警告的禁止性事项。另外，在可以适用公共警告的领域，应在发布公共警告之前考虑是否有发布的必要性。行政主体应在具体情境下进行利益衡量，尽量做到权利侵害最小化。但是，在不确定风险是否究竟会发生时，可运用利益衡量原则进行不同

---

① 参见［德］马克斯·韦伯《论经济与社会中的法律》，张乃根译，中国大百科全书出版社1998年版，第32—33页。

② 参见［德］哈特穆特·毛雷尔《行政法学总论》，高家伟译，法律出版社2000年版，第396页。

利益之间的衡量，如果该风险可能会对公众造成巨大侵害时，有权发布主体应该及时发布公共警告。即使风险后来没有成为现实，也不能因此而否定其合法性。

第三节　规范公共警告发布的内容

公共警告发布的内容将直接影响公共警告的效果。如果公共警告的内容准确、完整、客观，可以很好地起到风险警示的目的。本节通过观察中国公共警告发布内容的立法缺陷，提出完善公共警告发布内容要求的立法建议。

一　中国关于公共警告内容的立法缺陷

助推机制通过强调吸引力来改善信息的表达方式，包括个性化定制、信息简化和突出、情感影响等，进而使作用对象的认知发生改变并引导其行为。[①] 作为一种有效的"助推"方式，公共警告的内容表述直接影响了公共警告的发布效果。

实证研究表明，如果仅仅知道风险存在，但是并不清楚风险的性质和严重程度，容易导致公众过分的恐惧。[②] 例如，如果只公布确诊传染病的数字，而不公布具体感染方式、传播路径，可能会让人产生恐慌心理。因此，公共警告的发布内容非常重要。

中国现行公共警告发布内容的立法规定存在很大缺陷，主要表现在很少有立法规定公共警告发布内容的要求，即使有少数条文对此进行了规定，但是非常笼统和混乱。

---

① 参见张力《迈向新规制：助推的兴起与行政法面临的双重挑战》，《行政法学研究》2018 年第 3 期。

② Soames Job, "Effective and Ineffective Use of Fear in Health Promotion Campaigns", 78 *Am. J. Pub. Health* 163-165 (1988).

1. 关于公共警告发布内容的立法规定非常少

中国现行公共警告立法很少规定公共警告发布内容,导致实践中公共警告的发布内容比较乱,起不到应有的风险警示的效果。常见的公共警告立法主要有《传染病防治法》《突发事件应对法》《消费者权益保护法》等,通过对这些领域立法的观察发现,公共警告发布内容的立法规定非常少,甚至有的立法对此只字不提,很容易造成实践中公共警告发布内容的随意。

2. 公共警告发布内容的规定非常笼统

中国现行立法对公共警告发布内容的规定非常笼统,尤其是大多数立法没有明确规定公共警告的内容应包括哪些要素。虽然《突发事件应对法》第 53 条、《传染病防治法》(2013 年修订)第 38 条规定公布信息应当准确。但是这种表述过于单一而且非常原则、抽象,而且,大多在为数不多的级别比较低的规范性文件中有规定。立法规定的笼统和模糊使公共警告发布主体裁量权较大,实践中容易出现公共警告的发布内容不明确、不完整,不能很好地起到预警风险的作用。例如,在 2013 年广州镉大米危机中,广州市食品药品监督管理局宣布,44.4% 的大米和大米产品检测出镉超标,但没有公布品牌、生产者、销售者等重要信息。这种公共警告不但不能提醒公众注意风险,而且会牵连无辜的商家甚至整个大米行业。后来在公众和媒体的反复要求下,超标的品牌、生产者、销售者等信息才被公布。

3. 公共警告发布内容的规定非常杂乱

中国各领域的公共警告立法中使用的术语比较混乱,称谓并不一致,其中大部分立法没有使用"公共警告"一词,而是使用了"风险预警""消费预警""风险警示""预警"等术语。公共警告立法中使用术语的混乱,会给公众带来很大的困扰,公众对这些术语的理解存在差异,在实践中容易造成混淆。

二 公共警告发布内容的立法完善

公共警告的发布内容会直接影响公共警告的效果。国外立法比较重视公共警告发布内容的规定。例如，德国消费立法规定，公共警告发布的信息内容应当仅限于公众对该信息有特别的需求或利益，并且该利益和需求优先于相关企业利益的保护。另外，公共警告的目的是政府提前预防可能发生的风险，因此发布的内容需要真实、准确。[①]因此，政府对公共警告所发布信息内容的具体要求主要包括：发布的信息内容应属于国家和法律所赋予的管理权限范围，并且公布的内容需要满足正确性和客观性的要求，而且应尊重被公告方。[②]

1973年，为了提高行政机关负面信息发布政策的质量，美国行政会议对发布行政机关负面信息提出了建议：内容真实、描述准确，避免贬损用语；与规制性调查或审判型程序相关联的负面信息只能在三种情况发布，[③] 其他负面信息披露要符合法定目的并且内容要准确；关于指控的信息要强调其仅为指控。[④] 2000年，美国《信息质量法》规定了政府信息公开的内容质量要求，即联邦机构应确保所发布信息的完整性、实用性和客观性。[⑤] 根据《信息质量法》的规定，信息披露的"客观性"，是指有权披露主体所披露的信息是否以准确、清楚、完整，以及以无偏见态度的方式表达，而且其具体内容是对一个实质性问题的准确、可靠和公正的描述。另外，该法要求信息发布机关所发布的信息公告要注重表达形式和实质内容：表达形式是指信息公告是否以准确、清晰、完整和公正的方式传播的信息；实质内容则指的是所公开的信息要确保准确、可靠和公正。[⑥] 为了有效监管消费品和降低消费品危害，美国在2008年通过《消费品安全改进法案》，对

[①] 参见杨明亮等《西方国家食品安全体系改革的动态》，《公共卫生与预防科学》2005年第2期。

[②] 参见王贵松《食品安全风险公告的界限与责任》，《华东政法大学学报》2011年第5期。

[③] 三种情况分别是：1. 必须迅速通知公众，在可行的情况下，应给当事人机会停止违法行为；2. 通知须加入程序的相对人；3. 负面信息可能被其他信息源所公开时，行政机关应主动公开信息。

[④] See Adverse Agency Publicity (Recommendation No. 73-1), 38 Fed. Reg. 16389 (1973).

[⑤] 44 U.S.C. § 3516

[⑥] 宋立荣、彭洁：《美国政府"信息质量法"的介绍及其启示》，《情报杂志》2012年第2期。

产品召回公告的内容做了进一步要求，明确详细地规定召回公告的信息内容，包括对所采取行动的说明以及因产品风险引起的消费事故的具体情况描述等。另外，为了将可能发生的产品风险概率降到最低，该法案明确规定，召回行为将追溯至缺陷产品开始销售之时。① 根据2010年美国总统《作为规制工具的信息披露和简化》②的备忘录，信息应当具有显著性并易于发现和理解，可以分别使用概要披露和完全披露。概要披露的要求是：简单且具体；将潜在结果描述为损失；可以通过数字评级或打分。此外，完全披露的要求是：披露的信息应尽可能容易获得和有用，其质量、准确性和有用性应定期评估。③

日本消费危害情报制度要求，有权发布消费危害情报的主体应确保消费者保护相关措施的实效性。一是要确保消费危害情报内容的正确性和客观性，二是发布内容应当主要涉及因商品或服务造成生命、身体损害或有造成人身伤害之虞的相关情报内容。三是应注意消费危害情报发布的内容、目的和方法等。消费危害情报内容应采用恰当中立的语言描述存在的客观事实，向公众所发布的危害情报内容不能使用带有主观评论性的、具有煽动性的和明显的情绪化的语言文字，对被公告方应该保持最基本的尊重。④ 例如，在日本大阪O-157食物中毒事件中，二审法院东京高等法院认为，如果不是为了对关系人进行制裁、在法律上使他处于不利，公布警示信息不必遵循法律保留原则。但是，公布主体应当对公布行为是否会给利害关系人造成不利影响履行必要的谨慎责任。否则，应当对其造成的损失进行赔偿。由于厚生大臣公

---

① 后向东：《美国联邦信息公开制度研究》，中国法制出版社2014年版，第34—45页。

② See The Office of Information and Regulatory Affairs, Disclosure and Simplification as Regulatory Tools, Memorandum for the Heads of Executive Departments and Agencies, June 18, 2010.

③ 参见吴秀尧《消费者权益保护立法中信息规制运用之困境及其破解》，《法商研究》2019年第3期。

④ 参见［日］黑川哲志《环境行政的法理与方法》，肖军译，中国法制出版社2008年版，第67—69页。

布的调查结果内容不够清晰，公布的中间报告没有明确指出公布的目的，也没有履行恰当的注意义务，属于国家赔偿法规定的违法行为。①

完善中国立法中公共警告发布内容的规定，约束公共警告发布主体的随意性。因此，应当在中国立法中增加公共警告发布内容要求的规定。根据公共警告涉及的各领域的特点，通过配套的立法实施规则去补充或细化公共警告发布内容要求的规定，进行"拾遗补阙"的精细化设计。如果短时期内无法修改或出台相关立法，也可以由有权发布公共警告的主体暂时制定行政规范性文件加以规定。

1. 公共警告发布内容应符合明确性标准

公共警告发布内容应明确，使公众能够清晰地了解目前的事态，进而采取相对应的措施保护自身合法权益，而这也是行政主体发布公共警告的意义所在。公共警告发布内容应尽量明确、具体，清晰地描述风险的来源、概率、危害大小、危害人群等，② 防止因为模糊的表述对其他利害关系人造成牵连效应。例如，在1971年Bon Vivan奶油汤事件中，因为公共警告内容的语言描述不清晰，给利害关系人造成了巨大损失。再如，很多消费者、专家指出，美国FDA的网站上的信息，由于没有经过适当地提炼归纳，专业性过强，比较杂乱，很不利于公众理解。因此，为了获得较好的警示效果，公共警告发布内容的语言描述，应当注意标题明确，重点突出，内容言简意赅、通俗易懂、清晰无歧义。另外，应考虑风险可能影响的公众特征，提高公共警告的针对性。必要时，应该把一些专业术语适当转换成通俗易懂的语言或者加以解释，避免抽象、晦涩，以引导公众正确加以理解。"不仅要从积极方面确保信息可及、可理解、可利用，还要从消极方面防止信息被误解、导致污名化。"③

---

① 参见王贵松《日本食品安全法研究》，中国民主法制出版社2009年版。
② 参见王贵松《食品安全风险公告的界限与责任》，《华东政法大学学报》2011年第5期。
③ 安永康：《作为风险规制工具的行政执法信息公开——以食品安全领域为例》，《南大法学》2020年第3期。

2. 公共警告发布内容应符合完整性标准

实证研究表明，如果仅仅知道风险的存在，但是不知道风险的性质和严重性，很容易导致公众过度恐惧。① 而对风险的过度恐惧本身就是一种风险，会产生严重的不良后果。② 公共警告的发布内容不能仅限于公共警告所提示的危险本身，而且还应该提及公共警告所依据的事实、理由、可能的危害程度以及公众应当采取的预防措施等内容。公共警告发布的"完整性"，是指发布主体在每次发布时都应当将其获得的风险信息告知公众，并不一定要求非常精确的警告，应当是不断更新发布信息的动态过程。《美国法典》规定了联邦地震预警发布的内容包括：可能的时间、地点、情况描述、逃生避险指示、就近避险场所指示等。③ 中国《食品安全法》第118条第3款以及《食品安全法实施条例》第52条规定，应当对可能存在的危害进行说明和解释。如有必要，可以增加发布后的持续时间。当然，公共警告发布内容具体应当包括哪些要素，不能千篇一律，而应根据具体情景来决定，尽量将对他人利益的损害降低到最低点。此外，应该正确理解"完整性"的要求，防止将"完整性"作为公共警告不作为的借口。强调公共警告发布内容的完整性，并不是不考虑时效性。有些风险确实非常复杂，发布主体不可能在短时间内快速掌握所有情况，而风险可能会随时不断变化。例如，地震预报不必非要精确到具体时间、地点、震级。在中国"康菲石油泄漏事件"中，漏油事件发生后，有关部门应立即发布公共警告，以避免进一步的损失，而不应等到将漏油的全部细节都查清之后再发布。在阜阳市"手足口病"疫情中，为了避免造成更大的损失，有关部门在发现疫情具有传染性时，应及时发布预警，

---

① Soames Job, Effective and Ineffective Use of Fear in Health Promotion Campaigns, 78 Am. J. Pub. Health 163-165 (1988).

② 参见[美]凯斯·R. 桑斯坦《风险与理性——安全、法律与环境》，师帅译，中国政法大学出版2005年版，第137页。

③ 参见贾振《建地震预警管理法律制度——全国政协委员李小军、刘春平建议》，《中国应急管理报》2019年3月13日。

而不是等到疫情源头确定后才发布预警。

3. 公共警告发布内容应符合客观性标准

公共警告应客观地描述风险的来源、表现、危害等情况，公共警告发布内容应符合当时的客观事实。通常来说，"客观性"强调不带偏见地陈述风险事实，尽量做到与事实相符。面对风险的不确定性，发布主体很难确保公共警告完全准确无误，但只要客观反映当时的情况即可。例如，在全美营养食品协会案中，作为"全美营养食品协会"会员的多名原告起诉发布不利信息的部门，因为这些公共警告中将健康食品行业称为"营养庸医""健康庸医"，这些非客观的、带有贬义色彩的表述损毁和中伤了原告的市场声誉。[①] 该案中的非客观的表述违反了公共警告发布内容客观性的要求。当然，在紧急情况下，不应过分要求公共警告发布内容的客观性。在紧急情况下，即使没有足够的证据确定风险的范围和程度，行政机关仍然可以发布公共警告，但是，应当在发布的内容中对其准确性加以说明，并随着进一步的调查而及时进行纠正和动态更新。例如，《食品药品安全监管信息公开管理办法》也明确规定了发布机关的"纠正"责任。而中国地震灾害公共警告立法要求"时间、震中、震级"三要素齐全。但是，基于科技的限制，作出三要素的准确预测意见的难度非常大。

---

① 参见陈晋华《行政机关发布负面信息的法律控制研究——以美国食品药品监管为例》，博士学位论文，上海交通大学，2014年。

第 五 章

中国公共警告利害关系人权益的程序法保障

本章将论证中国公共警告利害关系人权益的程序法保障路径。程序法保障是指通过完善发布公共警告的程序制度,以保障公共警告利害关系人权益,这是从如何发布公共警告的视角,通过规范公共警告权行使的过程来防止公共警告权的滥用。换言之,程序法保障规范的是发布公共警告应当遵循何种程序的问题。深度的观察显示,中国公共警告程序的立法规定比较缺失,公共警告利害关系人权益的程序法保障,需要多元主体的有效参与以及运用时空要素加强公共警告利害关系人权益的程序保障。本章共分两节分别对这些问题进行论证。

第一节 公共警告中多元主体的有效参与

风险的复杂性和影响的广泛性决定了风险预防不能仅仅依靠政府。"行政机关就复杂的或高风险的领域的管理,尤其在重大技术领域,行政机关于事前的规划、风险的衡量、可能性的决定等,以及新的决策的准备的程序等,必须与相关的社会主体以共识的方式加以完成,否则将难以有效治理。"① 根据正当程序原则保障多主体参与过程的权

---

① 黄锦堂:《〈行政法总论改革:基本问题〉要义与评论》,中国台湾《宪政时代》第2期。

利,并吸收专家、公众和媒体等多主体有效参与公共警告过程,以保持合作和互补,① 公共警告发布主体需要在合作与博弈中平衡各利害关系人的利益。本节主要探讨多元主体参与公共警告的价值、公共警告多元主体参与的困境以及完善路径。

一 多元主体参与公共警告的价值

"公众参与已经成为现代公共行政发展的世界性趋势",② 多元主体参与公共警告,可弥补民主性与科学性的不足,促进公共警告决定的合法化,有助于平衡多元利益。

(一) 弥补民主性与科学性的不足

行政参与已经成为行政民主化的重要标志。风险预防通常涉及许多科学和政策问题,要结合国家和社会的力量进行有效的风险监管。③

获得适当的行政结论取决于正当程序的构建,尤其是赋予关系人参与权利。④ 行政机关的资讯行为会对厂商的营业自由造成严重侵害,因此,有必要给予其参与决定程序的机会,这将有利于提高资讯的正确性。⑤ 在风险规制中,规制主体不应垄断知识和权力,而是需要充分利用各种资源,互相取长补短。参与型行政可以打破风险规制主体在知识—权力上的垄断地位。⑥ 在公共警告决定作出过程中,专家通过参与风险评估和提供风险意见等活动,能够在一定程度上提高风险决定的科学性。然而,当科学问题与价值问题交织在一起,知识的不确定性和风险的不可知性,导致专家在技术问题上的话语权经

---

① 参见沈岿《食品免检制之反思》,《法商研究》2009年第3期。
② 江必新、江春燕:《公众参与趋势对行政法和行政法学的挑战》,《中国法学》2005年第6期。
③ 参见王泽鉴《危险社会、保护国家与损害赔偿法》,《月旦法学》2005年第1期。
④ 参见尹建国《论"理想言谈情境"下的行政参与制度》,《法律科学》2010年第1期。
⑤ 参见张桐锐《谈行政机关对公众之提供资讯行为》,《成大法学》2001年第2期。
⑥ 参见王锡锌《公众参与和行政过程:一个理念和制度分析的框架》,中国民主法制出版社2007年版,第254—255页。

常受到质疑。① 此外，专家系统也可能存在腐败、勾结与捕获，专家系统内部的不一致，② 因此，公共警告决定的作出不应过度依赖专家的意见。

在风险决定中不但存在科学判断而且也包括价值选择，科学永远不能单独成为风险决定的充分基础，因为风险决定最终仍是公共政策选择。③ 因此，风险规制可分为"风险鉴定"与"风险管理"④。对于风险鉴定而言，科学家的任务是发现客观事实，例如，风险是否存在及其程度。风险鉴定是风险规制中非常重要但不是唯一的考虑因素。另一方面，"风险管理"主要以政策为导向，需要运用价值衡量。风险规制的科学知识存在一定的不确定性，⑤ 人们对风险认知的差异源于其不同的知识结构和经验。因此，科学理性也不是绝对的，"科学本身并不能解决规范性问题"⑥。而且，科学知识也能被滥用。⑦ 专家们有时故意把利益之争称为科学问题。因此，价值判断对于做出风险决策也至关重要。

公众的风险评价非常重要。由于风险同时是社会建构的产物。⑧ 风险规制主体应当考虑风险规制的社会可接受性以及控制成本是否合理等问题，这些均需要公众的价值判断。所有受到风险影响的人，都

---

① 参见成协中《风险社会中的决策科学与民主——以重大决策社会稳定风险评估为例的分析》，《法学论坛》2013年第1期。
② 参见［英］安东尼·吉登斯《现代性与自我认同：晚期现代中的自我与社会》，赵旭东、方文译，生活·读书·新知三联书店1998年版。
③ Nat'l Research Council, Understanding Risk: In forming Decisions in a democratic society 26 (1996).
④ 参见美国环境保护署对环境风险评估程序的规定，Committee on the Institutional Means for Assessment of Risks to Public Health, Risk Assessment in the Federal Government: Managing the Process (1983), pp.18-19。
⑤ Vern R. Walker：《风险规制与不确定性的多种面貌》，金自宁译，载《行政法论丛》第12卷，法律出版社2009年版，第212—223页。
⑥ 参见［美］凯斯·R. 桑斯坦《风险与理性——安全、法律与环境》，师帅译，中国政法大学出版2005年版，第135页。
⑦ David S. Caudill, Images of Expertise: Converging Discourses on the Use and Abuse of Science in Massachusetts v. EPA, 18 Vill. Envtl. L. J. 185 (2007).
⑧ 参见金自宁《风险规制与行政法治》，《法制与社会发展》2012年第4期。

应该有权参与到"决策于不确定性之中"的风险规制活动中来。① 公共警告是否发布会直接影响公众的生命健康等权益,因此风险规制决策必须体现公众的价值需求。② 面对不确定性的风险,在公共警告中引入民主程序,可以充分利用多元主体的智识。特别是在超越现有科技水平的"绝对无知"的情况下,应当由公众协商讨论共同决定能够接受的风险水平,使公共警告决定符合社会正义并体现民主性。例如,面对那些具有高度不确定性的现代核能风险时,外行公众也能够提供经验性风险知识。③

多元主体参与公共警告是行政民主的内在要求,是对公共警告公私合作模式生成的生动注脚。从世界范围来看,许多国家非常重视多元主体参与风险规制,并制定了促进多元主体合作治理风险的制度体系。例如,2009 年,美国 FDA 制定了《FDA 风险交流策略计划》,明确了 FDA 在风险交流中的职能,并解释了政策、能力和科学三大核心领域的交流策略。又如,德国公共警告制度比较注重政府与消费者保护组织、媒体等民间部门的合作。④

(二) 促进公共警告决定的合法化

公众参与是善政的基本要素,有助于接受公众监督,可为司法审查提供更好的行政案件记录,有助于行政决定作出活动的合法化。⑤ 多元主体参与公共警告有利于促进发布主体和多元主体之间的相互监督。风险预防是各主体的共同目标,多元主体参与公共警告,有助于

---

① 参见王锡锌《中国公共决策专家咨询制度的悖论及其克服——以美国〈联邦咨询委员会法〉为借鉴》,《法商研究》2007 年第 2 期。
② 参见 [英] 伊丽莎白·费雪《风险规制与行政宪政主义》,沈岿译,法律出版社 2012 年版。
③ Brian Wynne, "May the Sheep Safety Graze? A Reflexive View of the Expert-Lay Knowledge Divide", in Scott Lash, Bronislaw, Szerszynski, Brain Wynne (ed.), *Risk, Environment & Modernity*, Sage Publications, 1996, pp. 44–82.
④ 参见徐信贵《德国消费危险预防行政中的公共警告制度》,《云南行政学院学报》2012 年第 5 期。
⑤ 参见金自宁《风险规制与行政法》,法律出版社 2012 年版,第 232—233 页。

提高监督主体的积极性和有效性，从而促进公共警告决定的合法化。一方面，多元主体参与公共警告，有助于监督专家的行为。参与公共警告的专家往往是行政机关邀请的，专家很容易被行政机关的意见所左右。公众尤其是利害关系人的切身利益与公共警告的发布密切相关，它们有更迫切地监督专家是否滥用知识的愿望。因此，公众参与不仅仅是作出价值判断，而且，公众通过监督专家增强公共警告决定的合法性。另一方面，多元主体参与公共警告，有助于监督公共警告发布主体的行为。如果公共警告权被滥用，会损害公共利益或者个人合法权益。保障多元主体参与公共警告，可充分发挥通过权利监督权力的优势，弥补传统上"以权力制约权力"的局限性。多元主体通过积极行使程序性权利，特别是通过第三方异议程序，对公共警告权行使的全过程进行监督，促使发布主体做到行为自律，防止公共警告权的随意行使，以此提升公权力分配利益的合法性。

（三）有助于平衡多元利益

"只有利害相关人共同参与并共同承担责任，才能平衡个人自由与社会需求之间的关系"。① 公共警告权的行使通常涉及多元主体的复杂利益诉求，各主体的合法利益应当给予充分尊重。在决定公共警告是否发布的过程中，虽然多元主体之间有一定的利益冲突，但可以通过博弈来调和冲突关系。行政主体应为多元主体提供利益表达的机会，调动其参与公共警告的积极性，通过各方理性平等的协商，促进参与利弊之间公平和有效率的平衡。② 在一个公平的程序中，可以充分表达当事人的主张和异议，综合考虑和权衡各个层面的竞合价值或利益。结果不满被过程吸收，最后采用最完美的解释和判断。③ 因此，多元主体参与公共警告可以克服封闭的行为过程带来的随意性，有效防止

---

① ［德］埃贝哈德·施密特-阿斯曼：《行政法总论作为秩序理念——行政法体系建构的基础与任务》，林明锵等译，元照出版有限公司2009年版，第129页。
② 参见金自宁《风险规制与行政法》，法律出版社2012年版，第233页。
③ 参见季卫东《法治秩序的建构》，商务印书馆2014年版，第52页。

公共警告的恣意行使，在个案中实现实体利益的公正分配。①

二 中国多元主体参与公共警告的困境

目前，中国公共警告的多元主体参与处于"弱势"和"无序"的状态，主要表现在风险信息来源狭窄、信息不对称、参与过程形式化、科学理性与社会理性冲突等方面。

（一）风险信息来源途径的狭窄

全面的信息采集是信息披露活动开展的重要基础之一。② 如果风险信息来源狭窄，就不易发现风险，不利于及时发布公共警告。为了有效预防消费事故的发生，日本广泛收集事故可能发生的信息并及时向消费者提供信息。一方面，国民生活中心主要是通过消费者网络来收集消费风险信息，该消费者网络与消费者中心相关的合作医院进行连接，是危害信息制度运营的基础。另一方面，地方消费生活中心是危害信息的另一个重要来源，它们是日本消费者保护的基层行政机构，处理消费者对商品或服务的不满，协助消费者的维权行为，其日常业务内容是商品检查测试。由于它们处于市场流通消费的前沿，所以能比较迅速地发现有危害的商品，及时收集可能存在或发生的风险信息，以弥补国民生活中心的风险信息收集能力的不足。③ 日本注重加强食品安全信息的收集与交流，除了日常收集和沟通渠道，还使用了食品安全追溯系统、公布危险信息等。

目前，我国许多立法规定，行政机关在收集风险信息时大多采用报告制度，这容易导致风险信息在报告过程中的分散和失实，无法快速准确地进行汇集。如果仅仅依靠公共警告的发布主体收集风险信息，方式过于单一，容易漏掉风险线索，因此，需要扩大风险信息来源途

---

① 参见［美］迈克尔·D. 贝勒斯《程序正义——向个人的分配》，邓海平译，高等教育出版社2005年版，第10页。
② 参见李红、何坪华、刘华楠《美国政府食品安全信息披露机制与经验启示》，《世界农业》2006年第4期。
③ 参见刘春堂《日本之消费者行政体系》，《消费者保护研究》1997年第3期。

径，吸收多元主体参与。公众处于风险的边缘，虽不能完全准确地识别风险，但往往可以提供风险的线索。例如，有必要充分重视公众在地震预报中的重要作用。

（二）信息不对称

目前，多元主体与发布主体之间存在一定程度的信息不对称，影响了多元主体有效参与公共警告。一些行政机关由于害怕麻烦或社会恐慌，往往不愿在做出公共警告决定之前主动披露风险信息，有时只避重就轻地披露部分信息，导致多元主体与发布主体之间的信息不对称，降低了多元主体参与公共警告的质量。由于许多立法没有规定公共警告主体发布前的告知和说明理由的义务，利害关系人在公共警告发布前很难准确掌握有关信息，更无法行使程序权利。例如，中国《食品安全法》没有规定在发布公共警告前向特定利害关系人告知和说明理由的程序以及保障特定利害关系人陈述和申辩权利，容易导致公共警告决定出现错误。即使《食品药品安全监管信息公开管理办法》第18条规定了利害关系人的异议权，然而，该条款规定的是在公共警告发布后的异议权。这种事后异议的权利并不能完全弥补错误公共警告对利害关系人的侵害。例如，在"农夫山泉砒霜事件"中，海口市工商行政管理局没有告知企业检查结果，没有保障其陈述和申辩权而直接发布了公共警告。

（三）参与的形式化

多元主体参与公共警告过程呈现形式化的特点，参与的深度和质量都不高。虽然有些立法规定了公共警告中的多元主体参与，例如，中国《食品安全法》第9条第2款赋予消费者协会的监督权，该法第12条赋予了任何组织和个人举报食品安全违法行为的权利。另外，《食品安全法》及其实施条例都规定了通过风险评估专家委员会制度吸收专家参与。然而，总体来看，多元主体参与公共警告的立法规定不具有可操作性，导致多元主体参与公共警告过程呈现形式化的特点。首先，由于立法没有规定具体的参与规则、专家的遴选、监督等问题，导致多元主体在参与过程中容易被发布主体主导或操纵。其次,多元主体参与公共警告的程序性权利不足。例如,即使《食品安全法》第12条赋予个人举报食品安全违法行为,但这些规定比较笼统,对于公众参与的方式以及程序等问题没有明确规定。行政主体通常喜欢选择"听话"的专家和代表参加论证会,不重视多元主体的不同意见,导致公众参与积极性不高,最终,多元主体参与实际沦为了"走形式"或者变成了公众的"事后举报"。

(四)科学理性和社会理性的冲突

社会理性与科学理性经常发生冲突。社会理性并不完全接受科学理性的解释,甚至形成了普通公众倒逼专家的局面。① 例如,专家和公众对转基因食品是否安全存在分歧。专家认为,除非有确定证据证明转基因食品有害,否则就不能认为其不安全。而公众认为转基因食品不同于同类传统食品,应该采取风险预防措施。再如,PX项目引起了公众的担忧,但专家表示二甲苯(简称PX)毒性较低。另外,在康泰公司乙肝疫苗事件中,国家卫生计生委、国家食品药品监督管理局宣布停止使用康泰公司的重组乙型肝炎疫苗。正如国家食品安全风险评估中心的副研究员钟凯指出,如果根据科学标准,没有必要停止接种疫苗。然而,风险管理不仅仅是科学问题。② 对于风险评估中专家委员会的结论与公众的意见不一致时究竟应该如何处理,中国立法对此并没有明确规定。

公共警告在发布之前必须要经过调查。除非有与损害相称的调查,否则发布公共警告是非法的。③ 发布主体可以组织专家参与调查过程,参与风险评估④或听取专家关于风险是否存在及其程度、危害、概率

---

① 黄彪文:《转基因争论中的科学理性与社会理性的冲突与对话:基于大数据的分析》,《自然辩证法研究》2016年第11期。
② 参见袁端端等《下一次疫苗事件,我们该避免什么——乙肝疫苗风波的冲突和反思》,《南方周末》2014年2月6日第A3版。
③ 参见[德]弗里德赫尔穆·胡芬《行政诉讼法》,莫光华译,法律出版社2003年版,第452—453页。
④ 例如,《出入境检验检疫风险预警及快速反应管理规定》第7条、《食品召回管理规定》第10条都规定了风险评估。

等问题的意见。一方面，行政主体常常过分重视科学理性。强调可量化的风险因素，而忽略一般公众所关心的如公平性等定性的考虑因素，[1] 不重视公众对风险的认知。然而，专家意见不一定是客观的。因为科学知识具有内在的不确定性。[2] 对自己专业领域以外的知识，专家和普通人可能一样"无知"。当面临新的风险时，专家之间也会出现意见不一致，专家很难进行准确预测，而公众的合理意见得不到重视。[3] 随着互联网和社会化媒体的兴起，专家的信息垄断已经被打破。况且，安全只能是相对的，公众能接受的"可容许的风险程度"需要民主协商讨论才是正义的。行政主体通常应当运用价值判断，考虑政治、经济、文化等因素来填补"知识和数据的空白"。[4] 何况，专家也容易被俘获。例如，英国疯牛病危机后的调查表明，科学委员会制度也存在不透明、不民主等问题。风险的不确定性也可能导致发布主体"有组织的不负责任"，以"科学"的名义逃避责任。因此，行政主体是否发布公共警告不应只依赖科学得出的结论。

另一方面，社会理性并不是完美的。公共警告决定的作出应当兼顾科学判断和价值选择。科学判断需要专家参与，而价值选择需要公众参与。对风险是否需要采取措施以及控制到何种程度并不能完全依赖科学，而必须考虑公众对风险的接受程度。就价值判断而言，专家容易将价值技术化，从而与正当性发生冲突。"由于专家知识的理性限度、专家自身的利益诉求、专家角色的越位等情形，'专家充权'必须与'公众充权'同步进行。"[5] 然而，社会理性也存在缺陷。首

---

[1] Paul Slovic, Perception of risk, 236 Science 280–285 (1987).
[2] 参见 [英] 迈克尔·马尔凯《科学与知识社会学》，林聚任等译，东方出版社 2001 年版，第 71 页。
[3] Paul Slovic, "Risk Perception", 236 *Science*, 280 (1987).
[4] Edwin L. Johnson, "Risk Assessment in an Administrative Agency", 转引自 Miron L. Straf, *Risk Assessment in Environmental Decision Making*, The American Statistician, Vol. 36, No. 3, (August 1982), p. 222.
[5] 参见王锡锌《中国公共决策专家咨询制度的悖论及其克服——以美国〈联邦咨询委员会法〉为借鉴》，《法商研究》2007 年第 2 期。

先，多元参与主体的利益之间可能存在冲突，容易导致不公平和低效率。"漫无目的的、冗余的协商同样可能带来风险规制的成本剧增和规制延迟。"① 因此，有必要提高多元主体参与公共警告的针对性和有效性。其次，公众的专业知识有限，对专业术语的理解有难度，容易出现科学认知方面的错误。例如，公众一般认为核能对人类健康的危害非常大，然而，研究证明，核能的危害远远小于吸烟对健康的危害。

综上，科学理性和社会理性各有利弊，如果只重视其中任何一个都是不可行的。

三 完善多元主体参与公共警告的路径

中国多元主体参与公共警告面临的一系列困境，实质反映了多元利益诉求与公共警告权行使之间的张力。多元主体有效参与公共警告归根结底有赖于在立法中明确参与公共警告主体的程序性权利。具体来说，需要通过拓宽风险信息来源，确保参与者充分获取信息，提高参与的独立性和有效性，促进科学理性和社会理性的统一。

（一）拓宽风险信息来源途径

发布公共警告的前提是及时掌握有关风险线索，具有发布权的主体能否及时收集风险信息将直接影响公共警告的及时发布。因此，需要拓宽风险信息来源途径。

1. 通过立法强制风险信息所有者公开其掌握的风险信息

一般来说，风险信息所有者获取风险信息的成本和及时性等方面都优于风险规制主体。例如，果农最清楚自己使用的农药种类和来源。但风险信息所有者为了自己的利益一般不愿意主动披露风险信息。因此，有必要通过立法来强制风险信息所有者公开其掌握的风险信息。许多国家通过立法确立转基因食品强制标识制度，保障消费者的知情

---

① Ortwin Renn, *Risk Governance: Coping with Uncertainty in a Complex World*, Earthscan, 2008, p. 283.

权。① 2018年加州洛杉矶的一名法官命令,星巴克和其他咖啡公司在其咖啡产品上贴上癌症警告标签。② 美国EPCRA法案明确规定,风险信息所有者有义务报告有害物质和废弃物的数据。虽然,中国少数立法也涉及强制风险信息披露。例如,中国《环境保护法》第55条规定;《消费者权益保护法》第18条规定;《水污染防治法》第32条、第82条规定。然而,强制风险信息披露制度还不够具体,还需要进一步完善立法,应落实优惠激励政策,严惩故意虚假信息提供者。

2. 鼓励公众、媒体和社会组织等提供风险信息

其实,最接近风险的通常是普通公众,因此,应重视发挥普通公众在风险信息收集中的重要作用。起源于美国的水桶传递队项目中,公众不但收集空气质量数据,而且关注并督促政府的行为。德国也注重引导消费者积极参与食品安全监管,地方食品监督部门必须处理消费者对问题食品的投诉。中国实践中虽然也出现了一些官民合作发现风险线索的经验,例如,地震的"群测群防"充分体现了政府与公众合作的优势,群众组织的地震监测站已经多次成功预测地震。然而,实践中也有很多失败的教训。例如,在三鹿奶粉事件中,三鹿奶粉在卫生部调查之前就被消费者投诉食用后患上肾结石,如果当时政府重视消费者投诉意见并展开调查,就会避免更多孩子的身心受到损害。

虽然,中国少数立法规定鼓励公众、媒体和社会组织等提供风险信息,例如,2014年修订的《环境保护法》第57条规定了公民、法人和其他组织的举报权。2019年《食品安全法实施条例》借鉴美国《萨班斯法》以及英国《公益披露法》等经验,初步构建了内部举报人制度。但是,需要在立法中完善公众、媒体和社会组织等提供风险信息的具体制度,完善相关与公众沟通的制度,鼓励公众将其知晓的信息告知政府部门。政府部门应构建完善的激励机制,鼓励风险信息

---

① 参见曹炜《转基因食品风险规制中的行政裁量》,《清华法学》2018年第2期。
② 参见黎史翔《星巴克咖啡须贴"癌症警告"标签?律师:距离实施还很远》,http://www.sohu.com/a/226939034_255783?_f=index_news_18。

提供者的奖励举报。例如，2021年7月30日，市场监管总局、财政部联合印发《市场监管领域重大违法行为举报奖励暂行办法》，对于举报市场监管领域具有较大社会影响，严重危害人民群众人身、财产安全的重大违法行为，给予相应奖励，最高达到100万元。另外，公众提供的风险信息的质量参差不齐，需要有关主体进行辨别真伪，并在必要时进行风险评估，将结果及时反馈给信息提供者。但是，由于风险信息的不确定性和紧急性，对风险信息的准确鉴别有一个过程，因此不应该片面要求信息绝对无误。例如，2020年《传染病防治法（修订草案征求意见稿）》第36条第6款规定了传染病疫情报告制度中的附条件责任豁免，该条款旨在保护无过错的信息提供者。当然，信息提供者不得触犯《治安管理处罚法》第25条第（一）项和《刑法》第291条规定。

行业协会具有较强的中立性，有必要吸收行业协会参与到风险防范中。德国消费者协会在预防食品风险、保护消费者利益方面起了重要作用。英国重视非政府组织和中介机构的参与，尤其注重发挥行业协会的积极作用。中国的行业协会目前尚在发展中，行业规范不完善，没有发挥应有的作用，因此，政府应当加大对行业协会的引导，以便提高风险交流的效果。[①]

3. 认真对待专家的意见

专家的意见可以为风险信息的发现提供重要的参考。政府部门应该认真对待专家的研究成果，而不能将其束之高阁。必要时，应对专家的意见进行评估和论证。政府应建立科学公正的科研项目制度，加大资金支持或奖励力度，并及时将研究成果应用于实践。例如，美国地震灾害减轻计划鼓励私人来研究如何减轻灾害，并可申请科学基金资助。英国注重保证专家参与的独立性、透明性，将风险管理职能和风险评估职能相互分离。英国食品标准局的风险评估工作由多个独立

[①] 参见王殿华等《风险交流：食品安全风险防范新途径——国外的经验及对我国的借鉴》，《中国应急管理》2012年第7期。

的科学咨询委员会来承担,其专家是通过公开竞争招聘的方式参与进来,以提高专家参与的独立性和风险评估工作的科学性。尽管风险信息的所有者、公众和专家等多元主体都会在发现风险线索中发挥重要作用,然而,多元主体的积极参与不能取代政府积极主动收集风险信息的责任。

(二)保障参与者充分获取信息

充分获取信息是多元主体有效参与公共警告的前提,这会直接影响多元主体参与公共警告的效果。风险规制决定不可避免地存在传统规制里不常见的科学不确定性和复杂的价值判断,因此行政机关更有必要对是否发布公共警告决定的理由进行说明,否则容易受到"专断任意"的诟病而失去人们的信任。[①] 德国比较注重生产者和经营者的参与。德国《食品、日用品及饲料法典》第3款规定,在公共警告发布之前,只要不影响公共警告正当目的的实现,有权发布主体应当听取生产者和经营者的意见。再如,日本危害情报主体提供危害情报时要尽可能履行通知义务,除非面临紧迫而危险的情况。日本在《危害情报之收集与提供制度应有形态(期中报告)》中要求在发布食品危害信息前,应告知厂家企业其生产或销售的产品有问题。

公共警告发布主体应当为公共警告参与者提供充分的信息,以保障其有效参与。在风险评估完成后的合理期限内,公共警告发布主体应及时披露风险评估结论和过程的有关信息。例如,在康泰公司乙肝疫苗死亡事件中,专家组得出17例死亡与疫苗接种无关的结论因其过程不透明导致不被公众接受。由于涉他性公共警告的发布会影响特定利害关系人的权益。因此,行政主体在发布公共警告前,应当对特定利害关系人履行告知、说明理由等程序义务,但是紧急情况除外。通过保障利害关系人的知情权和参与权,促使行政主体慎重作出风险规制的决定。当然,特定利害关系人有可能为了自己的利益而滥用申诉

---

① 参见金自宁《风险规制与行政法治》,《法制与社会发展》2012年第4期。

权利,妨碍风险信息的及时发布。因此,公共警告发布主体有权对情势是否紧急做出正确判断。

(三) 提高参与的独立性和实效性

多元主体参与公共警告不应流于形式,其更重要的意义在于寻求解决风险规制的更佳途径,因此,应当注重提高多元主体(尤其是可能影响其权益的利害关系人)参与的独立性和有效性。

许多国家都将公民的风险参与权在立法中予以制度化,并建立了完善的第三人异议制度。为了实现程序公正,防止政府工作人员的权力滥用,许多国家都重视利害关系人的参与。德国《生活必需品之执行法》第 16 条规定了厂商的听证权利。德国《食品、日用品及饲料法典》规定有权发布主体在发布公共警告之前,应当听取生产经营者的意见。1985 年德国的"警告葡萄酒掺乙二醇案"中法院指出,"行政机关应当在可能的范围内,要审慎并利用可供使用的信息来源,且听取当事人的意见,依情况尽可能可靠地查明。"[1] 日本《食品安全基本法》第 13 条强调利益关系人之间的风险信息交流。美国立法非常注重多元主体参与负面信息披露。1973 年,美国行政会议规定,在发布负面信息之前,应事先通知对方,并给予其合理的回应时间,行政机关发布的错误或误导性信息也应以同样的方式予以纠正。[2] 另外,1981 年美国修订后的《消费者产品安全法》,进一步加强了程序控制,[3] 其核心是通知—评论的程序条款:要求消费安全委员会应准确、公平且与本法目的合理相关地披露特定产品安全信息,并尽可能提前 15 天通知产品经营商(紧急情况下可以缩短通知时间),给予它们提出意见的机会。否则,法院可以根据经营商的诉请禁止此项披露。对于错误或误导性的信息披露,应以与披露方式相同的方式更正。[4] 然

---

[1] 王贵松:《食品安全风险公告的界限与责任》,《华东政法大学学报》2011 年第 5 期。

[2] See Adverse Agency Publicity (Recommendation No. 73-1), 38 Fed. Reg. 16389 (1973).

[3] See James T. O'Reilly, Federal Information Disclosure, §14: 107, West Group. June 2011.

[4] 15 U.S.C. §2055 (b) (1), §2055 (b) (7) (2008).

而，中国绝大多数立法没有规定公共警告发布前的第三人异议制度，这是非常不合理的。因此，应构建公共警告发布前的第三方异议程序制度，保障可能受到公共警告不利影响的利害关系人的程序权利，但在紧急情况下除外。

为了提高食品风险评估的独立性和公正性，日本、欧盟以及德国将风险评估和风险管理职能相互分离。欧盟负责食品安全风险评估工作的是欧洲食品安全局（EFSA），EFSA严格坚持科学卓越性、独立性与透明性等基本原则，严格评估专家的遴选与更新程序，确立了利益声明规则与信息公开制度。① 欧盟《统一食品安全法》第37条规定欧盟食品安全风险评估坚持独立性原则，② 而且，欧盟相关立法制定了四项机制。③ 日本在2003年组建食品安全委员会作为风险分析机构，具有较强的权威性、科学性、中立性。中国风险评估的独立性在立法和实践中并未真正实现，因此，中国需要完善相关制度，提升风险评估机构的独立性，真正去行政化管理，进一步规范评估程序和专家委员成员人选，探索第三方评估机制，提升专家委员会的独立性和专业性。④

（四）促进科学理性和社会理性的统一

科学理性和社会理性互相依赖。……没有社会理性的科学理性是空洞的，但没有科学理性的社会理性是盲目的。⑤ 复杂的公共警告实践要求充分发挥科学理性和社会理性各自的优势，弥补彼此对风险认

---

① 参见张海柱《食品安全风险治理中的科学与政治：欧盟经验与启示》，《自然辩证法通讯》2019年第4期。
② 主要包含：以公共利益作为唯一准则；独立进行风险评估；欧盟食品安全管理局的独立地位。参见杨小敏《欧盟和中国食品安全风险评估的独立性原则之比较》，《行政法学研究》2012年第4期。
③ 参见杨小敏、戚建刚《欧盟食品安全风险评估制度的基本原则之评析》，《北京行政学院学报》2012年第3期。
④ 参见张锋《信息不对称视角下中国食品安全规制的机制创新》，《兰州学刊》2018年第9期。
⑤ 参见［德］乌尔里希·贝克《风险社会》，何博闻译，译林出版社2004年版，第30页。

知的不足,实现科学与民主的良性互动。例如,转基因的风险、PX 项目等新科技风险共同面临的核心问题是如何进行科学理性与社会理性的对话。①

1. 准确定位公共警告中的专家与公众参与

公众与专家的分歧并不是不可调和,在考虑公众价值诉求的同时,要理性对待公众对风险的错误认识。② 公众和专家应当保持良性互动,运用专家理性提升风险规制的科学性,补强公众在科学方面的不足,通过公众参与检验风险评估结果的合法性,提升专家意见的客观性。例如,日本拥有完整的决策评估体系,包括专家、专门的风险评估机构——审议会,以及由学者组成的"思想库"。再如,英国的《规制部门合约准则》规定在风险评估过程中,监管部门应吸收被监管方及其他利害关系人的参与。

参与公共警告的多元主体需要明晰各自的准确定位,虽然有权发布公共警告的主体是否发布公共警告的判断是在与多元主体相互沟通、协商过程中形成,但是,专家应当主要就危险发生损害的概率和损害程度等事实的认定发表意见,而行政决定必须由行政机关做出。③ 有权发布公共警告的主体是安全风险的最终判断者,需要对各类信息、各种利益诉求等进行充分交流,慎重权衡。④ 多元主体参与公共警告应该是对有权发布公共警告主体的补充,而不是替代。有权发布公共警告的主体仍然要对公共警告发布后果承担责任,不能以多元主体的参与作为借口而放弃其本身应承担的责任,避免责任的非法转移。例

---

① 参见黄彪文《转基因争论中的科学理性与社会理性的冲突与对话:基于大数据的分析》,《自然辩证法研究》2016 年第 11 期。
② 参见[美]凯斯·R. 桑斯坦:《风险与理性——安全、法律及环境》,师帅译,中国政法大学出版社 2005 年版。
③ 例如美国《联邦咨询委员会法》规定,除非有法律或总统命令作出特别规定,咨询委员会应拥有提供咨询的职能,根据咨询委员会的报告或提供的建议采取的措施和政策,仅能由总统或联邦政府的官员作出。See 5 U. S. C. Appendix-Federal Advisory Committee Act9(b).
④ 参见赵鹏《知识与合法性:风险社会的行政法治原理》,《行政法学研究》2011 年第 4 期。

如，1972年，美国《联邦咨询委员会法》规定了咨询委员会的设立、职能和终止等事项。食品咨询委员会主要负责技术问题和风险评估，而FDA负责风险管理、风险决策。而且，对于是否接受咨询委员会的建议，FDA有自由裁量权。①

当然，多元主体在参与公共警告的过程中，由于各自的利益冲突，可能存在自私自利，甚至违法行为。因此，有权发布公共警告的主体应当始终关注多元主体的利益博弈过程，依法承担监督多元主体参与公共警告的责任。例如，发布行政主体应密切关注媒体转载的公共警告信息，并及时纠正错误的报道。

2. 加强专家与公众之间的有效沟通

为了实现科学理性和社会理性的统一，应当加强专家和公众之间关于风险是否存在以及风险程度的理性沟通，以确保参与的有效性。专家不能将自己的价值取向强加于公众身上，②而是应利用他们的科学优势与公众进行有效沟通，提供给公众的信息不能仅仅是简单的数据或晦涩的专业术语，而应使用通俗易懂的语言，使风险信息便于理解。世界上许多国家都设有专门的风险交流机构。例如，英国、日本、德国等都在本国风险评估或管理机构内设有专门的风险交流机构进行风险交流，美国食品药品监督管理局专门成立了风险交流专家咨询委员会负责风险交流。虽然中国国家食品安全风险评估中心也有风险交流职能，但是其专业性、中立性仍需加强，风险交流效果不佳。中国应进一步完善风险交流制度，建议设立专门的风险交流机构，以克服风险信息不对称、沟通不畅等弊端，使政府风险信息披露更加及时、充分。

增加公众参与风险交流的机会。在风险评估过程中以及评估后的

---

① 参见李年清《美国食品安全风险规制中的科学咨询制度及其启示》，《苏州大学学报》（法学版）2018年第3期。
② 参见戚建刚《风险规制过程的合法性之证成——以公众和专家的风险知识运用为视角》，《法商研究》2008年第5期。

风险交流阶段都应吸收公众参与。公众意见有助于发现科学证据中存在的问题或者更好的解决途径。对于公众的意见，专家委员会应该给予理性对待，在及时反馈的同时并向其说明是否采纳的理由。但是，应理性认识公众在风险评估中的作用。立法应进一步完善风险评估制度。明确规定风险评估的范围和条件，确保风险评估的独立性，公开评估过程和结果以及加强风险评估的监督和责任追究等内容，防止专家被"俘获"。例如，日本食品安全规制秉持"科学主义"与"民主主义"并存的理念。2003年日本出台的《食品安全基本法》，强调风险规制的科学性、中立性、权威性、民主性、开放性以及参与性。

第二节 运用时空要素规范公共警告权

时间和空间因素对公共警告权的行使具有重要影响，对公共警告权的规范还应考虑时间和空间两个因素对公共警告的影响。

一 运用时空要素规范公共警告权的必要性

助推的及时性，强调政府的介入要把握时机。[①] 权力存在于特定的时间和空间，时间和空间因素对公共警告权的行使具有重要影响。作为一种"助推"方式，公共警告的发布主体应当依法及时发布公共警告，合理行使其在发布时间和空间方面的裁量权。因此，如果没有在恰当的时间内或者适当的范围内发布公共警告，可能会构成公共警告不作为或乱作为。

公共警告应当依法及时发布。与其他风险规制手段相比，及时性是公共警告的优势之一。发布公共警告通常是针对可能影响若干公众的风险。只有及时提醒公众注意风险，公众才可能避免风险的侵害。

---

① 参见张力《迈向新规制：助推的兴起与行政法面临的双重挑战》，《行政法学研究》2018年第3期。

否则，可能会对公众的生命、财产、健康等权益造成损害。及时性要求是为了防止行政机关的不作为，如迟报、漏报、隐瞒风险信息。中国大陆许多立法大多以"及时"和"第一时间"等用语表述公共警告发布的时间。例如，《食品安全法》第16条、第22条、第118条的规定。然而，一些立法没有明确规定向公众发布公共警告的时间。例如，《突发事件应对法》规定，一旦发生紧急情况，地方政府应立即采取措施，防止事故扩大，并立即报告上级机关。该法并没有明确规定地方政府在第一时间向公众通报。即使"采取措施防止事故扩大"可以解释成包含"告知公众"，然而，在实践中，许多行政机关通常不愿意如此解释。立法规定的模糊性为行政主体隐瞒信息、延迟发布公共警告提供了借口。

另外，发布主体应在适当的空间范围内发布公共警告。公共警告发布的空间范围会影响公众预防风险的效果。如果公共警告发布范围太小，有些群体将接收不到风险信息，无法防范风险。然而，公共警告发布的空间范围也并不是越大越好，如果公共警告发布范围过大，可能会导致公众的信息过剩，增加无关地区人员的信息泛滥，降低风险规制效果。在信息爆炸的当下，太多的信息会干扰公众对公共警告信息的接收。如果对风险信息不加选择地随意发布公共警告，公众就会习以为常，起不到风险警示的效果。研究表明，当信息超负荷时，消费者会在仿佛没有信息的情况下做出选择。[①] 例如，如果地震预报的地理范围太大，就很可能起不到风险警示的作用。因此，有必要合理确定公共警告的发布范围。

二 规范公共警告的发布时限

公共警告发布的时机会影响风险预防的效果。公共警告的发布不是越早越好。如果行政主体不恰当地过早发布公共警告，可能会引起

---

① 参见金自宁《作为风险规制工具的信息交流以环境行政中 TRI 为例》，《中外法学》2010年第3期。

公众恐慌，而未能及时披露重大风险信息可能会导致信任危机。① 因此，公共警告的发布时限规定应当适当。一般来说，行政主体应当在法定或者合理的期限发布公共警告。

为了避免对涉事相对人经营生活造成广泛影响，行政机关应以对其造成的损害尽可能小的方式发布公共警告。② 德国《食品、日用品及饲料法典》第2款规定了发布公共警告的时机，即仅限于在其他同样效果的措施未能实施时。该法第4款规定如果风险涉及的产品已不流通，或者虽然还在流通，但是所产生的危害极其轻微，可以不向公众发布公共警告。③ 目前中国台湾地区关于公共警告发布时限的规定，比较典型的是在空气污染防治领域有较为详细的规定。

对于公共警告的发布时限问题，中国现行立法对此一般并没有具体规定，只有少数立法笼统地规定了公共警告应当"及时"发布，例如，《突发事件应对法》第53条、《传染病防治法》第38条以及《食品安全法》第22条都规定了公布信息应当及时。然而，"及时"是典型的不确定法律概念，如何判断是否符合"及时"的标准比较困难，行政机关对此享有较大的裁量权，容易导致发布主体发布公共警告不及时。例如，2010年湖南省质监局发现金浩县茶油致癌物超标，但是在长达半年的时间内一直没有发布公共警告，直到媒体报道后才发布公共警告，这属于典型的不及时发布公共警告。

在立法未明确规定公共警告发布的期限的情况下，应该以什么标准判断发布公共警告是否已超过合理期限？诚然，风险的调查和评估的确需要花费一些时间，但不应超过合理限度。如果时限过长会耽误避险的良机。如果时限太短，行政主体可能无法在该时限内履行其职

---

① 参见金自宁《风险规制中的信息沟通及其制度建构》，《北京行政学院学报》2012年第5期。
② 参见杨淑文、蔡炳楠《2002年德国民法关于消费性契约之修正与中国消费者保护法相关规定之比较研究》，台湾政治大学法律学系报告，2002年。
③ 参见徐信贵《德国消费危险预防行政中的公共警告制度》，《云南行政学院学报》2012年第5期。

责。但是，立法不应苛求行政主体必须将风险彻底调查清楚后才能发布公共警告，而是应当尽可能多地收集必要的信息，在具体情境下进行利益衡量，平衡特定利害关系人的权益与公众权益。正如德国联邦宪法法院指出，行政机关已经审慎并利用可供使用的信息来源，以尽力可达之可靠性予以查明，但是，假如在事实方面仍有没把握的地方，不妨碍公布公共警告。但是，实际上可以获得的事实、证据等必须要做到充分收集。例如，德国2013年《针对重大传染病疫情中传染防治工作协调的一般性行政法规》第10条第2款规定，在信息不确定或不完整的情况下，相关机构仍然必须明确告知公众有关情况，并向公众解释他们将如何调查缺失的信息。①

在做出公共警告决定的过程中，不同利害关系人利益的衡量更加复杂，如果立法没有明确规定公共警告发布期限的情况下，应如何把握"合理期限"的标准？

对于迟延是否构成不作为或者迟延是否有合理的理由等问题，国外司法实践一般认为应当按照"合理的规则"判断行政机关作出行为的时限。具体来说，如果立法没有明确规定行政机关作出行为的时限，法院通常需要根据立法意图并具体结合个案中涉及事项的性质进行裁判。如果在案件中行政机关拟作出的行为涉及健康和福利事项的，适用时限的标准应更严格。在中国司法实践中，虽然已经发生过许多起因延迟发布公共警告而引发的纠纷。例如，在船东吴友平诉武汉港航局一案中，双方争议的焦点问题是港航局是否是"慢作为"，以及"慢作为"属于作为还是不作为。② 但是，在中国司法实践中并没有形成对发布公共警告合理期限的统一认识。

公共警告的发布是否超过合理期限，应当在个案中具体分析。为

---

① 参见陆娇娇、贾文键《新冠肺炎疫情中的德国公众沟通研究》，《德国研究》2020年第4期。

② 参见高星《船东状告武汉港航局"慢作为"》，http://news.163.com/12/0328/02/7TLAQBMV00014AED.html。

了避免在案件认定中的主观化,学界主张可以参考以前处理类似问题的通常时间、难易程度等因素对个案中"合理期限"进行分析判断。所谓"及时"公布,并不是指行政主体一旦预测到风险就必须立即发布公共警告,而是要给予其适当的考量时间。在时间允许的情况下,发布主体应考虑发布公共警告是否是必要或者最佳的风险规制手段。

此外,行政主体对风险信息的核实达到何种程度才能发布公共警告?这需要结合风险的紧迫性、危害的程度以及对被公布方权益的影响程度等因素来具体判断。"预警中的判断只能基于当时现实可得的、科学技术上可接受的信息和证据,而不能等待空想中的完美证据或完全信息。"[①] 例如,虽然《食品安全法》第20条规定的"及时"属于不确定法律概念,但是该规定仍然具有一定的约束力。2006年北京蜀国演义福寿螺事件中,卫生局向公众发布公共警告有一定的裁量权,但不能超越合理的限度。卫生局在接到报告后1个多月里,没有及时向公众发布公共警告,导致患者损害的范围扩大,可以认定构成公共警告不作为。

然而,在紧急情况下,只要存在较大的风险危害可能性,发布主体就应该及时发布公共警告,而不能等风险的成因、影响范围等因素被彻底查清才发布,但发布主体在发布公共警告的同时应该对其不确定性加以说明,并适时对发布的公共警告进行动态更新,以确保风险信息发布的客观性。例如,中国《国家突发公共卫生事件应急预案》规定了突发公共事件信息的动态发布,在实践中,许多政府官员将"及时发布"错误地理解为彻底调查后才能发布公共警告,许多行政主体宁愿不发布或延迟发布公共警告以避免承担发布错误公共警告的责任。例如,在2011年康菲漏油事件中,有关部门以"核实"为借口延迟发布公共警告,扩大了事故损失。其实,有关主体应当及时公布初步的漏油事实,以防止损害进一步扩大,而对于具体污染区域、

[①] 金自宁:《风险视角下的突发公共卫生事件预警制度》,《当代法学》2020年第3期。

发生漏油的原因等详细情况，可以在后续调查清楚后进行动态发布。

三 规范公共警告发布的空间范围

公共警告发布后，风险很容易被放大，而风险放大的程度会影响"风险涟漪"和地域污名化的范围，① 特别是那些表述模糊的公共警告很容易引起误解，可能伤害无辜，损害其合法权益。例如，在浙江某食品厂生产的"乡巴佬"食品中被曝光非法添加化学原料后，徐州的"香巴佬"熟食店由于与"乡巴佬"谐音而销售量暴跌。

虽然风险是不确定的，但在许多情况下，风险可能影响的范围是可以确定的。例如，可能发生地震的范围可以粗略地进行预测。一般来说，发布公共警告的空间范围应与灾害发生或可能发生的区域大致一致，以便有针对性地提醒公众预防风险，避免给特定利害关系人造成不必要的损害，也不会对无关人群造成多余信息的干扰。公共警告发布的空间范围应根据风险的紧迫性、危害性、发展趋势和可能的影响来确定。例如，应在特定地区发布针对该地方将发生地震或洪水等自然灾害的公共警告。当然，如果不能确定可能危害的范围，则可以不受此限制。

随着信息社会和网络社会的到来，许多风险所引发的危险不再局限于某一区域，这使得公共警告发布的空间范围与信息发布的方式密切相关。公共警告发布后，通过各种信息媒体的传播，可能会改变公共警告发布主体原先确定的空间范围，导致公共警告所影响的范围很难加以控制，容易与公共警告发布主体的初衷不一致。例如，美国FDA规则草案第2.741（b）款规定："信息发布的方式应当与它所要达成的目的、信息发布的急迫性和重要性以及公众对该事件的兴趣程度相称。"公共警告发布的效果在很大程度上受到发布方式的影响，传播工具的合理运用便于风险信息的快速传播，但是，也要防止风险信息在传播中被歪曲。虽然，新修订的我国《食品安全法》第118条

---

① 参见〔美〕珍妮·X. 卡斯帕森《风险的社会视野》（上），张秀兰、童蕴芝译，中国劳动社会保障出版社2010年版，第151页。

规定建立统一的食品安全信息平台。然而，其他领域尚缺少统一的公共警告发布平台。除了通过政府的正式信息发布途径外（例如，政府网站、新闻发布会、发送短消息等），尤其应注意正确运用媒体提高公共警告发布的效果。而媒体不仅可以提供或增强信息，还可以过滤或隐藏信息。[①] 大众媒体倾向于报道那些罕见的或戏剧性的风险，而淡化那些常见但不严重的风险。[②] 例如，2003年，美国关于非典和生物恐怖主义的报告超过1万起，这两起案件造成的死亡人数不到12人。而吸烟和缺乏锻炼导致了近一百万美国人死亡，但媒体对此的报道却很少。[③] 媒体甚至有时会歪曲风险信息。例如，在河南的"豫花面粉有毒"事件中，事后证明是武汉某媒体搞错了国家标准。因此，公共警告发布主体应特别注意对媒体的报道进行监督，防止公共警告的内容被媒体歪曲。

[①] O. Renn, Risk Communication and the Social Amplification of Risk, in R. E. Kasperson and P. M. Stallen (eds.) Communicating Risks to the Public: International Perspectives, Kluwer Academic Press, 1991: 287.

[②] 参见［美］珍妮·X. 卡斯帕森《风险的社会视野》（上），张秀兰、童蕴芝译，中国劳动社会保障出版社2010年版，第150页。

[③] 参见［德］格尔德·吉仁泽《风险与好的决策》，王晋译，中信出版社2015年版，第300页。

第 六 章

中国公共警告利害关系人权益的救济法保障

本书第四章论证了中国公共警告利害关系人权益的实体法保障,第五章论证了中国公共警告利害关系人权益的程序法保障,本章论证的是中国公共警告利害关系人权益的救济法保障。实体法保障和程序法保障虽然能一定程度上规范公共警告权的行使,然而,却不可能完全防止公共警告的不作为和乱作为。公共警告"乱作为"和"不作为"具有广泛的影响和巨大的社会危害性,立法应该为利害关系人提供有效的司法救济。

公共警告不同于传统行政行为,由于公共警告本身的特殊性,对其合法性的判断更加复杂。在很多情况下,公共警告面对的是不确定性危险,做出公共警告决定本身也属于一项风险决定,因此,不能不顾实际情况而片面追求公共警告内容的绝对正确,否则,可能会耽误时机而导致公共警告不作为,给公众的合法权益造成重大损害。因此,面对复杂的风险规制实践,公共警告利害关系人权益的救济法保障,不能照搬或简单套用传统的行政行为理论,而是需要构建适合风险规制特点的救济制度。中国公共警告利害关系人权益的救济法保障,主要包括司法救济、行政复议、行政赔偿、行政补偿以及信访等救济途径。为了突出研究重点,避免面面俱到,本书对信访、行政复议、行政赔偿和行政补偿等救济途径不再展开论证,而是从公共警告利害关系人权益造成损害的现实问题出发,集中笔墨力求系统地研究救济法保障中的司法救济问题。

大多数学者往往是从立法论的视角研究公共警告案件的司法救济问题，研究的重心是进行具体的制度构建。但是，由于公共警告属于新型风险规制手段，现有立法对公共警告的规定比较笼统，无法为公共警告的司法救济提供现成答案，导致立法规定无法满足现实的需要。然而，立法需要一定的稳定性，而且，立法的完善总需要过程，而现行抽象的法律文本有解释的必要性，在公共警告案件的司法救济适用中会涉及法律解释、利益衡量等法律方法的具体运用。因此，我们不能"言必称立法"，而应该积极地从立法论转向解释论，弥补行政法规范的局限性。① 本书尝试运用法律方法论去重新研究该问题，希冀通过"持法达变"的思维方式，防止权力行使的任意性，克服随机应变所导致的法律的不确定性。② 本书通过持续观察公共警告案件在中国司法救济实践中的情况，总结公共警告案件的司法救济的经验和不足，运用法律方法围绕公共警告案件的可诉性、原告资格、司法审查方法、举证责任、裁判方式等方面完善公共警告案件司法救济制度。

第一节　公共警告的可诉性

可诉性问题反映了司法权监督行政权的范围。公共警告是否具有可诉性，这是判断公共警告案件能否进入司法救济的前提。

一　公共警告纠纷在司法实践中的受理现状

通过使用"公共警告""风险警示""警示""风险公告"以及

---

① 参见何渊、徐剑《中国行政法学三十年高影响论文之回顾与反思——基于主流数据库（1978—2008年）的引证分析》，《行政法学研究》2010年第2期。
② 参见陈金钊《法律如何调整变化的社会——对"持法达变"思维模式的诠释》，《清华法学》2018年第6期。

"消费警示"等关键词在北大法宝、中国裁判文书网分别进行搜索,逐一选取属于公共警告诉讼的典型案件进行分析,可以分为因发布公共警告引发诉讼和涉及公共警告不作为诉讼两类案件。

(一)因发布公共警告引发诉讼的典型案件

虽然,在行政管理实践中因错误发布公共警告给利害关系人造成重大损失的事件并不少见,但是在实践中进入行政诉讼程序的案件并不多。通过分析研究法院对这些案件在受理上的不同处理方式,来观察法院在公共警告诉讼案件中的立场。

案例1:1999年味利皇食品公司诉上海市卫生监督所案中①,上海市卫生监督所称有人食用味利皇食品公司生产的月饼出现了食物中毒,法院认为该行为属于具体行政行为,属于行政诉讼受案范围。庭审后,原告的诉讼请求被驳回。

案例2:2001年深圳纯净水公司诉株洲市卫生局案中,株洲市卫生局宣布深圳纯净水检测不合格。法院认定公告行为是具体行政行为,予以受理。

案例3:2007年多宝鱼养殖户诉上海药监局案中,上海药监局提醒公众近期要慎食多宝鱼。法院认为该案不属于行政诉讼受案范围,裁定不予受理。

案例4:2004年上海大金诉上海市消保委案中,上海市消保委提醒公众,上海大金科技有限公司生产的"大金坂本"牌空调与日本著名品牌"大金"空调混淆。法院审理后驳回原告的诉讼请求。

案例5:1992年"肠衣线案"中,卫生局提醒公众产妇术后感染的原因系兴福厂生产的肠衣线所致。法院受理后,裁定准予撤诉。

案例6:1999年沈阳飞龙公司起诉国家药检局案中,国家药检局提醒公众"伟哥开泰胶囊"是劣药。法院受理该案。

通过对上述案件的梳理,发现因发布公共警告引发诉讼的典型案

---

① 1998年9月30日,上海卫生监督所在通过简报的形式向新闻媒体发布通报称食用味利皇食品公司生产的月饼出现了食物中毒。

件呈现以下特点：绝大多数法院对此类案件都予以受理，只有个别法院没有受理。在诉讼受理阶段，绝大多数法院将被告发布公共警告的性质认定为具体行政行为，并没有以公共警告相称，主要是因为公共警告在司法实践中尚没有类型化。法院这种将发布公共警告的性质认定为具体行政行为的做法，事实上并没有考虑到公共警告的特点，不利于案件的解决和利害关系人合法权益的维护。

（二）公共警告不作为诉讼的典型案件

涉及公共警告不作为的纠纷，比较典型的是福寿螺患者起诉北京市卫生局案和吴又平诉武汉市防汛抗旱指挥部不履行事先告知法定职责案。其中，在2006年福寿螺患者起诉北京市卫生局案中，原告请求法院认定卫生局因不作为而延迟发布是违法的，并承担赔偿责任。法院认为不能认定北京市卫生局怠于履行法定职责，判决驳回原告的诉讼请求。在2015年吴又平诉武汉市防汛抗旱指挥部不履行事先告知法定职责案中，原告认为武汉市防指未能履行及时通报和预警的义务，对其财产损失负有不可推卸的责任。法院认为现行立法没有明确规定对泄洪措施是否应当履行事先告知义务，且被告已经履行了合理告知义务。

除了上述案件之外，更多的纠纷是通过民事诉讼途径来解决实质上属于公共警告不作为的案件。例如，巢木兰等诉宜丰县公路段、宜丰县交通局损害赔偿案；程国军诉南京市六合区道路管理站等因未履行管理维护职责造成交通事故赔偿纠纷案；董全文、梁春梅与都江堰市水务局生命权、健康权纠纷案；蔡扁等诉古雷开发区水库管理处生命权纠纷案；甘志霖诉珠海市香洲区南屏镇人民政府人身损害赔偿纠纷案；李仁彪与被告南陵县工山镇柏二村民委员会、南陵县工山镇人民政府身体权纠纷案；罗国春、廖海花与三明市水利局、三明市园林管理处人身损害赔偿纠纷等。

通过梳理公共警告不作为诉讼典型案件发现，公共警告不作为诉讼案件呈现以下特点：

1. 公共警告不作为纠纷实际进入行政诉讼程序的比例很低

根据以上案例的梳理发现，公共警告不作为纠纷实际进入行政诉讼程序的比例非常低。在司法实践中，当个体的人身或生命受到侵害后，大多数当事人通常是依据《侵权责任法》《民事诉讼法》等法律，通过民事诉讼途径起诉行政机关侵犯其人格权、生命权和健康权的行为，但在案件审理中会涉及公共警告权的行使问题，也就是说，当事人一般通过民事诉讼程序来起诉行政机关对自己的合法权益造成的侵害。例如，李发举、卢凤美与慈溪市逍林允步鞋厂、逍林镇人民政府纠纷案；又如闫升贵诉青岛市市北区城市管理局生命权、健康权、身体权纠纷等。

2. 进入行政诉讼程序的案件并非以"公共警告"名义起诉

在司法实践中，能够进入行政诉讼程序的案件大多是以行政机关未履行法定职责为由来起诉行政机关，而并非以"公共警告"的名义提起行政诉讼。例如，吴友平分别起诉长江防汛抗旱指挥部和武汉防汛抗旱指挥部未履行法定通知义务。再如，2006年6月24日，北京市卫生局就接到北京蜀国演义福寿螺相关的疫情报告。但8月9日，蜀国演义酒楼才停止销售凉拌螺肉；8月17日，北京市卫生局才公开通报了此信息。而包括9名原告在内的众多消费者正是在此期间食用福寿螺染病的。于是，9名患者起诉北京市卫生局，请求法院认定卫生局迟延发布属于不作为违法并承担相应的国家赔偿责任。

3. 大多数案件涉及警示标志的设置问题

大多数公共警告不作为诉讼案件涉及的是行政机关警示标志的设置问题，例如，田珍等诉泰山风景名胜区管理委员会案；再如，高某与贵阳市市政工程管理处人身损害赔偿纠纷上诉案等。

从以上分析可知，当事人通常在案件中并未明确提起公共警告不作为的行政诉讼，而是以行政机关未履行法定职责或者侵犯当事人健康权等权益为由提起民事诉讼。这背后的原因是什么？这并非因为实践中公共警告不作为的纠纷很少，也并不意味着公共警告不重要，而是基于两方面原因。一是很多当事人不了解"公共警告"这个概念，许多公众不知道依法发布公共警告是行政机关的职责。另一个非常重要的原因是，由于受原《行政诉讼法》受案范围限制的无奈选择。中国大陆学者一般认为公共警告属于行政事实行为，但 2014 年以前的《行政诉讼法》将案件受理范围界定为"具体行政行为"，而公共警告作为行政事实行为无法纳入行政诉讼受案范围。因此，许多当事人只能通过民事诉讼途径维护其权益，而对行政机关的不作为无法提起行政诉讼。

然而，2014 年修正的《行政诉讼法》将原《行政诉讼法》受案范围中的"具体行政行为"改为"行政行为"，扩大了行政诉讼受案范围。

二 公共警告应具有可诉性

在德国，公共警告属于司法审查的范围。德国行政法规定，行政机关有义务去除违法事实行为造成的现实，并且在可能的和可预见的范围之内恢复合法的状态。[1] 为了规范公共警告行为，德国学者与实务界通常认为，行政机关的行为性质如何，都根据其是否发生法律效果而定。在德国，对行政预测决定进行司法审查比较普遍。[2] 德国确立了对公共警告侵害营业自由行为的司法审查机制。[3] 1985 年德国"警告葡萄酒掺乙二醇案"中的法院判决对德国公共警告制度的发展具有重要意义。在该案中，德国联邦健康部公告了经检验证明含有乙二醇的葡萄酒酒商名单，于是，公共警告名单上的酒商向法院提起诉讼，主张其营业自由受到公共警告侵害。德国联邦宪法法院认为，

---

[1] 参见［德］哈特穆特·毛雷尔《行政法总论》，高家伟译，法律出版社 2000 年版，第 392 页。
[2] 参见陈春生《行政上之预测决定与司法审查》，载陈春生《行政法之学理与体系——行政行为形式论》，三民书局 1996 年版，第 181—219 页。
[3] 参见徐信贵《德国消费危险预防行政中的公共警告制度》，《云南行政学院学报》2012 年第 5 期。

第六章 中国公共警告利害关系人权益的救济法保障

"在营业自由系争案件中,判定人民的行为是否受基本权保障,然后判断国家行为是否构成干预,最后判定国家行为的干预是否具备正当化的基础或者是否逾越限制之界限"。① 如果国家发布的信息没有扭曲市场关系,并且对竞争重大因素造成的影响在法律允许范围内,就不妨害受波及的竞业者职业自由的保障领域。②

1981年美国修订后的《消费者产品安全法》新增了法院救济措施。③ 美国《信息质量法》规定,信息披露所牵涉的利害关系人如果发现相关机构披露的警示信息有误,可以依据《信息质量法》的规定向行政部门或司法部门寻求公力救济。④ 多年来,美国涉及负面信息披露的司法救济主要是依靠法官在个案中进行判断,经由法院多个判例的确认来推动负面信息披露的司法救济制度的发展。由于负面信息披露属于"行政机关自由裁量的国家赔偿豁免范围"⑤,且有法官认为负面信息披露案件不符合"最后决定""成熟"与"穷尽行政救济"三个条件,"负面信息披露作为非正式行政行为"⑥,因此,涉及负面信息披露的司法救济在实践中面临很大的困境。但是,负面信息披露的相对人能够以发布主体越权为由,向法院提出诉讼,这是法院基于普通法的审查权限。另外,法院还可以根据宪法的正当程序条款对负面信息披露行为进行审查。

总的来说,一方面,英美法系国家通常不重视概念化和类型化建构,而是在具体个案中判断行政活动是否侵害了利害关系人的合法权益。在英美法系国家,事实行为与其他行政行为没有界限,所有的行

---

① 张桐锐:《论行政机关对公众提供资讯之行为》,《成大法学》2001年第2期。
② 参见李震山《行政法导论》,三民书局1999年版,第247—249页。
③ See James T. O'Reilly, Federal Information Disclosure, §14: 107 (3ded, West Group. 2000).
④ 吴金鹏、苟岚馨:《美国联邦政府信息公开相关法律与制度解读》,《情报科学》2016年第6期。
⑤ 《联邦侵权赔偿法》(Federal Tort Claim Act)第2680节(A)规定:"行政机关行使自由裁量权的行为属于国家赔偿的豁免范围。"
⑥ [美]欧内斯特·盖尔霍恩、罗纳德·M. 利文:《行政法和行政程序概要》,黄列译,中国社会科学出版社1996年版,第109页。

政行为受到同样的对待。① 当相关主体因公共警告的发布损害了自身利益而提起诉讼时，法院不能只根据是否有法律规定而机械地直接做出是否受理的决定。对于法律文本所列事项以外的行政活动是否属于法院管辖范围，法院需要审查该公共警告是否在客观上对原告造成了不利影响，若存在，法院也应该审查该行为。另一方面，公共警告不作为不仅损害了公共利益，也损害了特定的个人利益（受到风险威胁的个人）。大陆法系国家通常只有在特别法明文规定的情况下才能适用行政公益诉讼。但是，与大陆法系国家相比，英美法系国家对行政公益诉讼案件的司法审查适用条件更宽松。根据1946年的美国《联邦行政程序法》第706条规定，法院可以"审查行政机关非法的不作为或不合理的延迟"。侵犯公共利益的行政不作为也属于美国司法审查的范围。在英国判例中，确立了损害公共利益的行政不作为的司法审查机制。

无论是中国2014年、2017年两次修正的《行政诉讼法》，还是2018年最高人民法院的行政诉讼法司法解释都没有明确规定公共警告纠纷是否属于行政诉讼的受案范围问题。在司法实践中，法院通常不愿意受理行政诉讼法受案范围中没有明确列举的事项。判断公共警告是否具有可诉性，即是否属于行政诉讼的受案范围，需要从法律文本出发，运用相关法律方法从法律解释学的角度对法律条文进行分析，精准把握条文的含义。

（一）公共警告案件的司法救济需要运用相关法律方法

公共警告案件的司法救济需要运用相关法律方法进行分析，主要基于以下四方面原因。

1. 风险规制的特殊性

作为风险规制重要手段的公共警告，通常面对的是不确定性风险，

---

① Mathendra P. Singh, German administrative law in common law perspective, 2 edition, Springer, 2001, p.109.

而风险具有不确定性、潜在性、知识依赖性等特性,因此,发布公共警告很难做到"证据确凿","国家权利主体于资讯之准确性尚未终局性地澄清之前,在具备特定要件下,亦有权得散播该资讯"。风险规制往往"决策于不确定性之中"①,使得公共警告的发布具有较大的裁量权。由于公共警告不作为具有较强的隐蔽性,而且不作为行为与危害结果的发生可能有一定的时间间隔。这也增大了判断作出或不作出公共警告决定的合法性的难度。因此,判断作出或不作出公共警告决定的合法性,需要法院运用相关法律方法,在适当尊重行政机关的正当裁量权的基础上,根据个案的具体情况,充分考虑公共警告发布主体所面临的复杂情境,更加精准地考量其行为是否具有"情境合理性"②,进而,判断作出或不作出公共警告决定的合法性。

2. 公共警告立法中存在大量不确定法律概念

面对"未知"的风险,风险规制需要较宽泛的自由裁量权。③ 德国法院普遍认为,在风险决策领域,行政机关有判断余地的权限。④ 因此,公共警告立法中使用了大量不确定法律概念,使得法律条文具有较大的模糊性。发布公共警告与公共利益密切相关,而"公共利益"本身属于典型的不确定概念,在个案中才能具体界定。再如,中国《食品安全法》(2021年修正)第22条规定,发布食品安全公共警告的条件是食品"可能具有较高程度安全风险"。其中,"较高程度"是具有盖然性的概念,也属于不确定概念。

不确定法律概念往往与法律的普遍性、一般性相适应,⑤ 其优点在于其广泛适应性,它使法律语词具有了某种与其所规范之多样性的

---

① 参见[德]乌尔里希·贝克《从工业社会到风险社会(上篇)——关于人类生存、社会结构和生态启蒙等问题的思考》,王武龙编译,《马克思主义与现实》2003年第3期。

② David Dana, "The Contextual Rationality of the Precautionary Principle", 35 *Queen's L. J.* (2009) pp. 67-96.

③ 参见戚建刚《风险规制的兴起与行政法的新发展》,《当代法学》2014年第6期。

④ 参见陈春生《行政裁量之研究》,载陈春生《行政法之学理与体系——行政行为形式论》,三民书局1996年版,第147页。

⑤ 参见王贵松《行政法上不确定法律概念的具体化》,《政治与法律》2016年第1期。

生活状态以及法律问题相适应的能力。①

然而，不确定法律概念的抽象性增大了判断公共警告行为是否合法的难度。因此，需要通过法律解释以明晰不确定概念的内涵和外延，并适用于具体个案，②某种程度上这也是价值补充的过程。③例如，由于公共利益的抽象性，法院需要在具体案件中充分阐述公共利益的内涵。④

3. 合法性审查原则与立法不完善之间的紧张关系

"即使最好的法律，也存在漏洞。"⑤法律语言的局限性、社会生活的复杂性、社会变迁与法律发展之间的不平衡性等使法律和社会之间的缝隙、法律的漏洞永远存在。⑥尤其是现行公共警告立法尚存在滞后性，许多领域的公共警告往往缺少法律规范的明确规定，有些是从立法关于行政机关的一般职权的规定中推演出来的。

然而，现行《行政诉讼法》规定以合法性审查原则为主，特殊情况下才能审查行政裁量行为的合理性。⑦如果对"合法性的审查"仅仅理解为具体的法律条文，那么大多数公共警告权的滥用因无法可循只能认为不当而无法受到法律的约束，从而无法有效解决风险规制的实践难题。例如，在吴又平因诉被申请人武汉市防汛抗旱指挥部（以下简称武汉市防指）不履行事先告知法定职责一案中，吴又平以武汉市防指未尽到及时通知义务，未事先预警，对其财产损失有不可推卸的责任等为由，提出再审申请。法院经审查认为，长江防汛抗旱总指挥部于2011年9月9日调度丹江口水库开闸泄洪的行为系泄洪措施，不同于《中华人民共和国防汛条例》第33条第1款规定中所说的分

---

① 参见〔德〕齐佩利乌斯《法学方法论》，金振豹译，法律出版社2009年版，第67页。
② 参见王利明《法律解释学》，中国人民大学出版社2011年版，第184页。
③ 参见王贵松《行政法上不确定法律概念的具体化》，《政治与法律》2016年第1期。
④ 参见梁上上《公共利益与利益衡量》，《政法论坛》2016年第6期。
⑤ 梁慧星：《20世纪民法学思潮回顾》，《中国社会科学院研究生院学报》1995年第1期。
⑥ 参见杨素云《利益衡量：理论、标准和方法》，《学海》2011年第5期。
⑦ 尽管2014年《行政诉讼法》第70条对法院判决撤销的范围做了扩大，将明显不当的行政行为也纳入法院判决撤销的范围。

洪、滞洪，不适用该规定，且现行法律规范对于有管辖权的防汛指挥机构实施泄洪措施是否应履行事先告知义务并无明确规定，且武汉市防指已经尽到其合理的告知义务。吴又平认为武汉市防指没有履行事先告知义务的行为违法的诉讼请求无法律依据。[①] 本书认为，泄洪与分洪、滞洪都可能会给相关利害关系人的人身财产造成重大损害，但是，现行立法只规定了人民政府防汛指挥部根据批准采取分洪、滞洪措施对毗邻地区有危害时，有事先通知有关地区的职责，而立法对泄洪却没有规定事先通知的职责。因此，在判断行政机关拥有的公共警告职权时，如果只拘泥于现有的法律文本而望文生义地作机械、僵化的理解，经常会无法寻找到可直接适用的法律规则，不利于对公众合法权益的保护。而合理地运用相关法律方法，很大程度上可以弥补立法漏洞，缓解合法性审查原则与立法不完善的紧张关系。

4. 公共警告涉及多方利益关系

公共警告涉及公共利益与个人利益、个人利益与他人利益等多方利益，包含极其复杂的利益衡量，其牵涉因素极其复杂。如果公共警告不作为，很可能会损害公众合法权益。然而，如果公共警告过度，也会给特定利害关系人造成损害。行政机关不能为了保护一方利益而完全忽视或者过度损害另一方利益。因此，公共警告涉及的多方利益关系之间的取舍，需要进行价值衡量。

综上，对公共警告案件进行司法救济更加复杂。虽然，涉及公共警告的立法存在严重短板，然而，中国行政法和行政诉讼方面的立法和修改一直比较谨慎，而且，《行政诉讼法》修改的时间不长，不太可能在短时间内再次修改，因此，要适当引入法律解释、法律推理、价值衡量等法律方法，使抽象的法律规定得以具体明确，通过法律适用中的不断调适，使法律不断完善，[②] 并适应复杂多变的社会现实，

[①] 湖北省武汉市中级人民法院（2015）鄂武汉中行监字第22号《吴又平与武汉市防汛抗旱指挥部不履行事先告知法定职责驳回再审申请通知书》。

[②] 参见孔祥俊《司法哲学与裁判方法》，人民法院出版社2010年版，前言第4页。

使法院能够实质性化解行政争议。①

行政法释义学可以呈现法律论证的完整结构和法治实践的动态过程，② 然而，"诠释法学"在中国行政法学界却一直没有被重视。③ 风险规制的特殊性给公共警告的司法救济带来了严峻挑战，法律方法论需要对此加以指引。在中国行政法释义学的研究刚刚起步的背景下，本书尝试研究了法律方法在公共警告案件司法救济中的具体运用问题，试图论证法官运用法律方法审查公共警告的基本方法，为研究公共警告提供新的视角和思路。

（二）公共警告案件的私益诉讼

2014 年修正的《行政诉讼法》扩大了行政诉讼受案范围，将行政诉讼受案标准从"具体行政行为"扩大到"行政行为"。然而，"行政行为"的外延究竟应当如何理解？对该问题的解释已经成为判断公共警告可诉性的关键问题。

虽然风险的不确定性使公共警告案件的判断标准与传统行政行为不同，但这并不代表无法判断其违法性。公共警告案件司法救济具有其特殊性。化解规则与事实之间的紧张关系是裁判者的棘手难题。④

在西方，学者们通常综合运用多种法律方法，力求透彻分析问题。⑤ 中国学者也认为，在司法过程中融入多种解释方法，有助于形成优质裁判结果。⑥ 本书采用文义解释、体系解释和目的解释的角度

---

① 参见章志远《〈行诉解释〉对行政审判理念的坚守和发展》，《法律适用》2018 年第 11 期。
② 参见陈越峰《判例中的法学方法与法治体系建设》，《华东政法大学学报》2014 年第 6 期，专题导引。
③ 参见何海波《中国行政法学研究范式的变迁》，《行政法论丛》（第 11 卷），法律出版社 2008 年版，第 497—511 页。
④ See Ronaid Dworkin, *Law's Empire*, Harvard University Press Cambridge, Massachusetts, 1986, p. 226.
⑤ 参见孙光宁、陈金钊《法律方法论学科的拓展——2016 年中国法律方法论研究报告》，《山东大学学报》（哲学社会科学版）2017 年第 5 期。
⑥ 参见孙光宁、陈金钊《法律方法论学科的拓展——2016 年中国法律方法论研究报告》，山东大学学报（哲学社会科学版）2017 年第 5 期。

对"行政行为"的外延进行界定,从而明晰公共警告的可诉性问题。

1. 文义解释的角度

文义解释指根据法律条款的文字含义进行法律解释,法官应尽可能遵循文本的字面意思,① 文义解释通常被认为是正确理解法律文本的首要方式。

长期以来,学者们对"行政行为"的概念有多种定义。有学者提出广义的"行政行为"概念,是指行政主体作出的一切与职权有关的活动,包括行政法律行为和行政事实行为,与"行政活动"的范畴基本相同。然而,很少有学者认可这一观点。狭义的"行政行为"仅指行政主体实施的一切行政法律行为,这也是中国行政法学界主流学者的观点。狭义的"行政行为"概念并不能涵盖行政主体做出的对公民有影响的所有行政活动。② 如果将新《行政诉讼法》中作为行政诉讼受案范围标准的"行政行为"理解为一个狭义的概念,那么,许多行政活动,包括公共警告将无法受到司法监督,特别是在风险频发的时代,这将阻碍对新问题的司法审查,导致行政审判的反应不足。③

但是,"行政行为"的外延不是固定的。行政行为理论体系具有很强的适应性,能够随着时代的发展而不断进步。④ 为了适应现实的需要,我们应该不断重新界定行政行为的概念,使其具有包容性和解释力。⑤ 近几年来,学术界出现了一些批评狭义行政行为的观点,更多的学者呼吁采用广义行政行为的概念。

---

① 参见[美]沃缪勒《不确定状态下的裁判——法律解释的制度理论》,梁迎修、孟庆友译,北京大学出版社2011年版,第49页。

② 公共警告并不属于主流学者认可的"行政行为"的范围。

③ 参见周海源《回应型行政审判的方法论指引》,载陈金钊、谢晖主编《法律方法》(第22卷),中国法制出版社2017年版,第324页。

④ 参见周汉华《行政行为概念辨析——政策制定、独立监管与行政执法职能的区分》,载应松年、马怀德主编《当代中国行政法的源流:王名扬教授九十华诞贺寿文集》,中国法制出版社2006年版,第531—543页。

⑤ 参见姜明安、余凌云主编《行政法》,科学出版社2010年版,第192页。

此外，全国人大常委会法制工作委员会也认为，修改后的《行政诉讼法》的行政行为范围包括作为与不作为、法律行为与事实行为、单方行为与双方行为。① 在"金实、张玉生诉海淀区政府案"的再审裁定书中，最高院认为："作出这一修改的目的，是为了使行政不作为、行政事实行为、双方行政行为等能够纳入受案范围。"② 显然，官方对"行政行为"概念采取了相对宽松的解释立场，即扩张解释。作为文义解释中的一种解释方法，扩张解释指的是扩展法律规范的含义，使其符合立法意图。③ 而公共警告往往被认为属于行政事实行为。因此，作为新《行政诉讼法》行政诉讼受案范围标准的"行政行为"应当包括"公共警告"。

一般而言，可诉的行政行为具有行政性、对外性和处分性等法律特征。④ 新《行政诉讼法》及其司法解释（2018年）所明确列举的排除事项都是因不符合"行政性、对外性和处分性"等法律特征而被排除在受案范围之外。公共警告主要是行政机关提醒公众注意风险的行政活动，具有"行政性"和"对外性"特点，而且，公共警告是典型的"具有第三方效果"⑤的行为，会对相关利害关系人的权益产生实际影响且影响面甚广，其影响力甚至比行政处罚、行政强制等强制性手段还要大，往往给特定利害关系人造成重创，也具有"处分性"特点。因此，公共警告案件不属于新《行政诉讼法》及其司法解释排除的事项。

综上所述，从文义解释来看，公共警告纠纷属于行政诉讼的受案范围，是可诉的。

2. 体系解释的角度

扩张解释的根据与理由，往往是体系解释、目的解释和历史解释

---

① 参见袁杰主编《中华人民共和国行政诉讼法解读》，中国法制出版社2014年版，第5页。
② 参见最高人民法院（2016）最高法行申2856号行政裁定书。
③ 参见姜福东《扩张解释与限缩解释的反思》，《浙江社会科学》2010年第7期。
④ 参见梁凤云《〈行诉解释〉重点条文理解与适用》，《法律适用》2018年第11期。
⑤ 参见［德］汉斯·J. 沃尔夫等《行政法》（第二卷），高家伟译，商务印书馆2002年版，第47页。

方法。① 法律规范体系具有内在的关联性与一致性，应该作为一个整体来理解。体系解释是弥补文义解释不足的重要方法。

在英美法国家起重要作用的"上下文解释规则"就是指体系解释。法律体系外部体系的完整性为逻辑推理提供规范性指引，内部体系的不冲突性、无矛盾性为明确推理之前提提供了实质性支持。② 因此，不能孤立看待某个法条，而要考察待适用法律之其他规范的内容、有关的其他法律、规范体系的通常构造。③

就公共警告案件的可诉性而言，从体系解释的角度来看。新《行政诉讼法》的很多条款为扩张解释"行政行为"的外延提供了很好的注脚。

首先，该法第1条将解决争议、保护合法权益以及监督行政机关列为行政诉讼的重要目的，有利于扩张解释"行政行为"的外延。其次，《行政诉讼法》采用了概括与具体相结合的立法模式来界定行政诉讼受案范围。其中，第2条是概括性规定，概括地将侵犯公民合法权益的行政行为纳入受案范围；第12条用肯定性列举的方式列举了可以提起行政诉讼的事项，该法条实质上更多地起到了示例和强调的作用。其中，该法条第1款第11项明确将行政协议列入了受案范围。行政协议并不属于狭义行政行为的范畴，从这点来看，新《行政诉讼法》中的"行政行为"应当指的是广义行政行为的概念；第13条用否定性列举的方式排除了一些不属于受案范围的事项。然后，《行政诉讼法》又具体分别规定了规范性文件（第53条、第64条）、行政协议（第78条）等比较特殊行为的审理问题。

根据现行立法规定，可以这么理解，只要属于《行政诉讼法》第2条规定情形的，而且没有被《行政诉讼法》和司法解释明确排除的事项，都应属于行政诉讼受案范围。因此，从体系解释角度来看，公

---

① 参见王凯石《刑法适用解释》，中国检察出版社2008年版，第242页。
② 杨铜铜：《体系解释的思维依据》，载陈金钊、谢晖主编《法律方法》（第22卷），中国法制出版社2017年版，第167页。
③ 参见张清波《法律理论：多维与整合》，法律出版社2016年版，第346页。

共警告案件属于行政诉讼受案范围，具有可诉性。

3. 目的解释的角度

目的解释是指通过立法目的来确定法律文本的含义。① 进行法律解释，不能仅仅停留在法律文本表面含义，而且还应该探寻立法者的立法目的。用目的来衡量文义方法解释出来的结论，② 修正明显错误或不当，使解释更加理性。一定程度上可弥补文义解释的机械和僵化，对文义解释形成补充，调和新问题和立法之间的矛盾。

在目的解释视角下，来判断公共警告案件的可诉性。探寻立法目的离不开该法律规范的立法背景和司法实践等要素的考量。行政诉讼的根本目的是保护公民、法人和其他组织的合法权益。③ 1989 年《行政诉讼法》颁布实施以来，由于受案范围太窄，公民、法人和其他组织的合法权益无法受到充分保障，因此，2014 年修改《行政诉讼法》的重要目的之一是解决受案范围狭窄导致实践中立案难的问题，强化对行政相对人的诉权保护。因此，行政行为范围的确定，应当与修改《行政诉讼法》的目的相一致，司法应无遗漏地保护公民权利，将实践中影响公民权益的行政权力尽可能地纳入行政行为概念之中。④ 马怀德教授认为，应当将所有公权力主体与相对人发生的公法上的争议都纳入诉讼范围。⑤

将公共警告案件纳入行政诉讼的受案范围，是解决实践中频繁出现的公共警告纠纷的需要。在风险事故频繁爆发的当下，将公共警告案件纳入司法审查的范畴，具有现实正当性。风险规制要求扩大行政

---

① 参见魏治勋《法律解释的方法性原则——对四种法律解释方法性原则之方法属性的辩驳与重构》，《人大法律评论》2016 年卷第 3 辑。
② 参见陈金钊《作为方法的目的解释》，《学习与探索》2003 年第 6 期。
③ 参见马怀德主编《行政诉讼法学》，北京大学出版社 2015 年版，第 5 页。
④ 参见王万华《新行政诉讼法中"行政行为"辨析——兼论中国应加快制定行政程序法》，《国家检察官学院学报》2015 年第 4 期。
⑤ 参见马怀德《行政诉讼法的时代价值——行政诉讼三十年：回首与前行》，《中国法律评论》2019 年第 2 期。

诉讼受案范围，引入"概率"判断的因果关系原理，[①] 契合了不断高涨的权利保护需求。如果公共警告案件不具有可诉性，公共警告行为会失去有效控制，会给公众或特定利害关系人的权益造成重大损害。

综上，公共警告案件应属于行政诉讼的受案范围，应当具有可诉性。

（三）公共警告案件的行政公益诉讼

2017年6月27日修改的《行政诉讼法》第25条增加了一款，即负有监督管理职责的行政机关违法行使职权或者不作为，导致国家利益或者社会公共利益受到侵害的，人民检察院可以向人民法院提起诉讼，这初步建立起中国的行政公益诉讼制度。

《行政诉讼法》第25条对行政公益诉讼案件的范围进行了开放式的规定。那应如何理解该条款中的"等"的含义？该条款中的"等"究竟是"等"内还是"等"外？学界对此有不同的理解。根据该条款的规定，公共警告不作为是否属于行政公益诉讼范围？如果将传统行政诉讼法理论简单套用于检察公益诉讼极易产生偏差和冲突。[②] 因此，应在新《行政诉讼法》框架下，重新研究检察公益诉讼问题。

该条款所列"生态环境与资源保护、食品药品安全"等领域，造成国家利益或者社会公共利益受到侵害的行为，应该包括公共警告不作为。公共警告广泛应用于食品药品安全、环境污染等领域，例如，中国《食品安全法》（2021年修正）第22条明确规定了及时发布公共警告是国务院食品安全监督管理部门的法定职责。因此，如果不依法及时发布公共警告，很可能构成不作为，对公共利益造成侵害。另外，该条款中的"等"应当做扩大解释，即应理解为"等"外，即公益诉讼的范围不限于列举的案件，这也符合行政公益诉讼制度的发展趋势。从2014年和2017年中国《行政诉讼法》两次修改来看，行政诉讼受案范围呈现出不断扩大的趋势。因此，只要是损害公共利益的

[①] 参见戚建刚《风险规制的兴起与行政法的新发展》，《当代法学》2014年第6期。
[②] 参见刘艺《检察公益诉讼败诉案件中的客观诉讼法理》，《行政法学研究》2020年第6期。

行政不作为，就应当属于行政公益诉讼的受案范围。具体原理与前述私益诉讼问题非常相似，一样可以运用文义解释、体系解释和目的解释的方法进行论证，在此就不赘述。

综上，公共警告不作为属于行政公益诉讼的受案范围。随着公众权利意识的提高和行政诉讼制度的不断完善，涉及公共警告的行政诉讼案件将会越来越多。因此，在新《行政诉讼法》框架下，有必要重新论证公共警告案件司法救济的具体问题。

第二节 公共警告案件原告资格的范围

公共警告案件原告资格的宽松程度，直接决定了相关利害关系人权利救济的程度。在修改后《行政诉讼法》的框架下，重新观察公共警告案件原告资格的范围，发现公共警告案件原告资格的范围仍然过窄。由于风险本身并不是传统意义上的"损害"，因此，利害关系人是否可以仅仅以受到风险威胁为由主张原告地位，这是一个备受争议的问题。[①]

一 立法对于行政诉讼原告资格的限定仍然过严

2014年修改后的《行政诉讼法》第25条以"利害关系"作为原告资格的标准，取代了原法的"法律上利害关系"标准，极大地扩大了行政诉讼的原告资格范围。而且，2017年修改的《行政诉讼法》增加了检察院提起公益诉讼的规定。2018年《最高人民法院最高人民检察院关于检察公益诉讼案件适用法律若干问题的解释》的发布，完善了检察公益诉讼制度，提高了司法救济对公共利益的保护力度。

然而，在新的行政诉讼制度下，对公共警告案件的原告资格问题

---

① Finkelstein, "Claire. Is Risk a Harm". U. Pa. L. Rev. 151 (2002): 963.

进行分析，会发现立法对于行政诉讼原告资格的限定仍然过严，尤其是对于公共警告不作为案件原告资格限定得过严。

新《行政诉讼法》以"利害关系"作为原告资格的标准，"利害关系"属于不确定法律概念，进行法律解释的余地很大，使得"利害关系标准"比较模糊，行政诉讼受案范围具有较大的开放性，这就需要法院在具体个案中针对具体情况作出判断。然而，对于法律没有明确指明属于行政诉讼受案范围的案件，各地法院在实践中的受案标准不尽一样，大多数法院通常不太愿意受理此类案件。

目前，应根据风险规制实践的需要，进一步放松公共警告不作为案件的原告资格限制，但是，《行政诉讼法》不太可能在短时间内再次修改，因此，可以借助法律解释方法对原告资格"利害关系"的标准进行扩张解释，保持原告主体资格标准的与时俱进。[①] 虽然，公民、法人或者其他组织为了救济自己的合法权益而提起行政诉讼，但是，客观上也起到了对行政机关行使职权进行监督的作用。因此，扩张解释"利害关系"标准具有正当性，与《行政诉讼法》立法要旨并不相悖。[②] 然而，这种扩张解释要兼顾司法体制、司法能力和司法资源的限制，应限定于通过语义解释法、体系解释法、立法意图解释法等法律解释方法能够扩张的范围为宜。[③]

尤其是在风险规制领域，风险信息的获知往往涉及公众的重大利益，公共警告案件可能会给公众或特定利害关系人带来无可挽回的损失。为了切实保障相关利害关系人的合法权益，需要进一步放松公共警告案件的原告资格限制。从严格限制到逐步放宽，这是各国行政诉讼原告资格的发展趋势，契合了公众不断高涨的权利意识的需要。只要私人就行政处分的效力争讼具有实质利益，都应当广泛承认其诉的

[①] 参见耿宝建《主观公权利与原告主体资格——保护规范理论的中国式表述与运用》，《行政法学研究》2020年第2期。

[②] 参见章剑生《行政诉讼原告资格中"利害关系"的判断结构》，《中国法学》2019年第4期。

[③] （2017）最高法行申169号行政裁定，刘广明诉张家港市人民政府行政复议案。

利益。① 王贵松教授提出，风险规制行政诉讼的原告资格的判断可分成两阶段，分别是"判断原告主张的利益是否具有可保护性、可保护的原告利益是否有受到侵害的现实性。"② 这与德国公共警告三阶审查模式比较相似。③

从中国 2014 年和 2017 年行政诉讼法的两次修改来看，中国行政诉讼的原告资格的范围呈现不断扩大的趋势。公共警告不作为具有损害对象的不特定性、受损法益的重要性和紧迫性、隐蔽性更强等特点，这导致实践中能够进入诉讼程序的案件比较少。

2014 年修改后的《行政诉讼法》规定的"有利害关系"的原告资格标准，使法官在个案中具有更大的裁量空间，④ 为被公共警告不作为所影响的利害关系人提起行政诉讼提供了可能。就公共警告不作为案件的原告资格而言，如果某主体被法律规范已经明确赋予发布公共警告的职责，但是却没有及时发布公共警告的，受害人可以根据《行政诉讼法》第 12 条第 2 款的规定提起主观诉讼（私益诉讼）；如果没有法律规范明确规定有关主体负有发布公共警告职责的，这时还要区分两种情况：如果公共警告不作为对个体的权益产生了实质影响的，个体可以根据《行政诉讼法》第 12 条第 1 款第 12 项的规定提起主观诉讼（私益诉讼）。如果个体的权益没有受到公共警告不作为的侵害，而公共利益却受到侵害的，检察院可以提起行政公益诉讼。

二　扩大公共警告案件原告资格的范围

扩大公共警告案件原告资格的范围，主要是赋予公益组织提起行政公益诉讼的原告资格以及构建严格条件下的预防诉讼制度。

---

① 参见杨建顺《日本行政法通论》，中国法制出版社 1998 年版，第 567—568 页。
② 王贵松：《风险规制行政诉讼的原告资格》，《环球法律评论》2020 年第 6 期。
③ 参见徐信贵《基本权利保障视域下政府公共警告三阶审查模式》，《重庆大学学报》（社会科学版）2015 年第 4 期。
④ 参见成协中《保护规范理论适用批判论》，《中外法学》2020 年第 1 期。

1. 赋予公益组织提起行政公益诉讼的原告资格

2017年修改后的行政诉讼法将提起行政公益诉讼的原告资格赋予了人民检察院。检察院作为专门法律监督机关,以公益为目的,具有较强的专业优势,的确比较适合作为公益诉讼原告。但是,现行立法规定的行政公益诉讼原告资格的范围仍然太窄,远远不能满足当前保护公共利益的需要。公共警告不作为会导致公众权益受到侵害。然而,检察院毕竟人手有限,不可能发现所有公共警告不作为或者也可能会怠于行使公诉职权。

世界大多数国家行政诉讼原告资格的发展趋势是逐步放宽,这也符合了公众权利意识高涨的需要。传统行政法学理论认为只有在"主观公权利"受到侵害时才能提起诉讼。个体对于反射利益无权提起诉讼。所谓反射利益,是指行政主体仅为实现公共利益之维护时,带给私人的好处,然而,该好处并非设定行政主体义务的目的。① 但是,随着公众权利意识的提高,人们倾向于尽可能将反射利益解释为法律上的利益,出现了试图不再严格区分法律上的利益与反射利益的趋势。因此,只要私人就行政处分的效力争讼具有实质利益,都应当广泛承认其诉的利益。②

2014年中国《行政诉讼法》的修改,将行政诉讼原告资格的范围从"法律上利害关系"扩大到"利害关系"标准。与传统行政不作为相比,公共警告不作为具有损害对象的不特定性、受损法益的重要性和紧迫性、隐蔽性更强、结果上的间接影响性等特点。因此,公共警告不作为会对公众利益造成较大的损害,而公众通常有一种"搭便车"的心态。也就是说,每个人都希望别人采取行动,自己受益而不用付出任何代价。这导致在实践中提起公益诉讼的案件较少,许多行政不作为无法受到司法审查。如果立法规定的起诉资格范围过窄,就

---

① 参见陈秀清《行政法上法律关系与特别权力关系》,载翁岳生主编《行政法》,翰芦图书出版有限公司1998年版,第213—215页。
② 参见杨建《日本行政法通论》,中国法制出版社1998年版,第567—568页。

会纵容公共警告不作为。因此，需要增加一些其他主体作为行政公益诉讼的原告。在德国和日本，判断行政救济的原告资格通常运用保护规范理论，即如果具体案件中所适用的法律规范存在保护私人利益的目的就是保护规范，那么，私人根据该规范就享有请求权。为了更好地保障公众的权利，中国也可以适度引进国外的保护规范理论。实质上，对公共利益的侵害和对个人利益的侵害是一致的。另外，对于政府的风险规制行为，风险预防原则应将侵害行为与损害之间的因果关系放宽，可以采用"概率"标准，这需要将起诉资格加以放宽。人民的需求就是公益诉讼的发展方向。为了使公共警告不作为受到司法审查的有效监督，维护公众的切身利益，在以后修改立法时，建议进一步扩大公共警告不作为案件的起诉资格。那么，究竟哪些主体应当享有对公共警告不作为提起行政公益诉讼的原告资格？本书认为，对于公共警告不作为，除检察院可以提起公益诉讼外，还应当赋予公益组织公益诉讼的原告资格。

公益组织成立的宗旨决定了其具有维护公共利益的责任。公益组织通常比较中立，具有较强的专业优势和一定的资金，很大程度上可以避免竞争对手引发的恶意诉讼。现行一些立法明确规定了公益组织可以提起公益诉讼。例如，2013年《消费者权益保护法》第47条规定，消费者协会可以提起公益诉讼。在司法实践中，公益组织为维护公益也多次作为公益诉讼案件的原告提起诉讼。例如，江苏省环境保护联合会与政府一起提起了环境公益诉讼。再如，中国生物多样性保护与绿色发展基金会作为公益组织，分别提起了"毒跑道"公益诉讼和腾格里沙漠系列公益诉讼。这些案件被列入2017年人民法院十大民事行政案件，具有重大社会影响力，显示了官方对公益组织提起公益诉讼的肯定立场。

然而，面对复杂的行政纠纷，公益组织本身的诉讼能力十分有限，它们不足以抗衡强大的行政机关。因此，可以设立检察机关前置审查程序。换句话说，公益组织在提起公益诉讼之前，应当先告知检察机关由其提起诉讼。如果检察机关在合理期限内不予答复或不起诉的，公益组织可以自己的名义向法院提起行政公益诉讼。

2. 构建严格条件限定下的预防诉讼制度

目前，我国行政诉讼制度属于一种事后救济，当事人只能在其权益受到侵害后才能申请诉讼。就中国的司法救济制度而言，现行《行政诉讼法》和《国家赔偿法》的救济作用明显不足。《行政诉讼法》规定法院一般只能审查行政行为的合法性，特殊情况下才能审查合理性问题。而现行公共警告的实体法规定太少，导致很多公共警告侵权案件很难进行司法救济。对于公共警告乱作为或不作为对利害关系人造成的损害结果往往比较严重，《国家赔偿法》一般也很难给予充分的救济。一是《国家赔偿法》对于发布公共警告造成的损害是否承担赔偿责任并没有明确规定，导致很多事实行为没有被法院依法受理，这就增加了公共警告案件在实践中赔偿的难度。二是赔偿范围较窄。三是归责原则不完善。司法实践中法官往往依据的是成文法条。然而，中国现行公共警告立法规定比较少，因此导致赔偿的范围比较小。

中国在完善公共警告司法救济途径的同时，要考虑公共警告造成损害的多样性，不仅要注重事后诉请国家赔偿的救济途径，而且要赋予相对人在事前以及事中的相应救济请求权，以尽力挽回其所遭受的损失。[①] 为了避免当事人合法权益得不到有效救济，有必要构建公共警告的预防诉讼制度。具体来说，应赋予符合一定条件的特定利害关系人在公共警告发布之前提起预防诉讼的权利，而当违法或不当公共警告公布后，允许那些受到不利影响的特定利害关系人提出消除结果请求权诉讼，以有效维护公共警告利害关系人的合法权益。

许多国家都有实质意义上的行政预防诉讼制度，虽然其在各国名称和适用范围有所差异。然而，其目的基本都是当事人在行政决

---

① ［德］汉斯·J. 沃尔夫等：《行政法》（第二卷），高家伟译，商务印书馆2002年版，第30页。

定作出之前，通过诉讼程序，禁止某种行政决定的作出，以避免造成难以恢复的损害。预防性保护措施，有利于防止行政相对人在诉讼过程中遭受不可弥补的损害，以保证司法保护的实效性。① 构建严格条件下的预防诉讼制度，赋予公共警告的利害关系人在公共警告发布之前，向法院提起行政诉讼，请求法院审查公共警告的合法性。法院根据实际情况，判决驳回诉讼请求或判决发布公共警告主体不能发布公共警告。

当然，世界各国在强调法院对行政机关依法行政进行监督的同时，亦特别强调对行政机关行使裁量权的尊重，即应坚持司法谦抑原则。② 在预防诉讼制度里，司法权介入到了行政过程之中，为了避免法院过多干涉行政机关的风险规制活动，预防之诉必须要严格限定条件。一般限定在拟要作出的公共警告决定存在明显违法可能会对利害关系人造成难以弥补的损失，而公共警告的利害关系人向发布主体提出有充分证据的异议后，而拟发布公共警告的行政主体拒不改正的情况，要严格规范预防诉讼制度中的前置程序。

中国对预防诉讼的研究刚刚起步，违法公共警告引发预防诉讼的原告资格、提起条件、证据审查等一系列问题需要审慎构建。

第三节　公共警告案件的司法审查方法

公共警告案件的司法审查方法是否科学，很大程度影响了司法权监督行政权的效果。公共警告有其特殊性，许多国家的法院对公共警告案件的司法审查保持谦抑的立场。例如，美国司法机关和国会对负面信息的披露限制很少，而法院更注重保护公共安全和知情权，担心公共警告会损害行

---

① 参见罗智敏《中国行政诉讼中的预防性保护》，《法学研究》2020年第5期。
② 参见黄永维、郭修江《司法谦抑原则在行政诉讼中的适用》，《法律适用》2021年第2期。

政效率或机构未来的行动能力。① 在美国，涉及负面信息披露的司法救济主要是依靠法官在个案中进行判断，经由法院多个判例确认来推动负面信息披露的司法救济理论和制度的确认和发展。一般来说，美国法院对于负面信息披露的司法审查通常保持谦抑性。本书认为，法院在审查判断公共警告案件时，可以运用行政法基本原则，并注重对推理过程进行审查。

一 行政法基本原则的运用

现行《行政诉讼法》规定行政诉讼以合法性审查原则为主，特殊情况下才能审查行政裁量行为的合理性。然而，现行公共警告立法比较欠缺，如果将"合法性审查"中的"法"仅理解为成文法的条款规定，那么，大多数公共警告案件将无法被纳入司法审查的范围。

鉴于大多数学者认为法律规范包括规则和原则，因此，应当对行政诉讼"合法性审查"原则作扩张解释，这里的"法"除了包括具体的法律条文之外，还应该包括行政法基本原则，以弥补法律规则的不足。在具体的司法适用中，法律原则的运用可以克服成文法规则的局限性，又可以作为法官进行法律解释的基准，也是实现法律漏洞填补的工具。② 法律基本原则是法官解释不确定法律概念的参考标准，原则裁判的最终目的都是将抽象的原则与具体的个案事实相联结，进而实现原则运用的具体化或规范化。③ 而且，一般来说，规则越不完全，原则的作用越大。④

在德国、日本多主张运用行政法的一般原则判断行政活动是否合法。而且，中国行政审判实践中也出现了一些援引法律原则进行判决的案件。最高人民法院印发的《关于加强和规范裁判文书释法说理的

---

① Lawrence A. Walke, Federal Agency Publications: The Availability of Judicial Review, 69 Wash. U. L. Q. 1267, 1284 (1991).
② 参见周佑勇《行政法总则中基本原则体系的立法构建》，《行政法学研究》2021年第1期。
③ 参见秦策《法律原则裁判功能之限定》，《江海学刊》2011年第6期。
④ Hain (Fn. 4), S. 103.

指导意见》确认了成文法以外的法源可以作为案件的裁判理由。①

"原则的适用具有导向性和弹力性。"② 行政法基本原则对公共警告权的行使提供了指引，将行政法基本原则适用于具体个案，在具体情境中解释法律规则，协调规则之间的冲突，考量公共警告权行使的合法性，是对相关法律规则不足的补充，避免严格的规则主义导致的呆板。在公共警告案件中，主要应该运用比例原则和正当程序原则进行司法审查。

1. 运用比例原则进行利益衡量

对公共警告不作为案件的司法审查，应引入比例原则的利益衡量方法。利益衡量方法在公法司法审查中显得更为重要，否则，可能会引起普遍的不公正。③

对不确定法律概念的具体化，以及法律所赋予自由裁量权的存在为利益衡量提供了存在的制度空间。④ 加拿大《信息获取法》第20条⑤和南非的《信息公开促进法》第46条规定⑥，如果公开信息的公共利益明显超越公开的危害，必须公开信息。⑦ 这都体现了利益衡量在信息公开领域的具体运用。中国《行政诉讼法》（2017年修正）第74条第1款，亦是利益衡量方法在中国行政法律文本中的具体表现。

比例原则中的利益衡量要求行政主体采取措施所造成的损害与其追求的利益应成比例。运用比例原则对行政活动进行利益衡量，意味

---

① 《关于加强和规范裁判文书释法说理的指导意见》[法发（2018）10号]规定："除依据法律法规、司法解释的规定外，法官可以运用下列论据论证裁判理由，以提高裁判结论的正当性和可接受性：最高人民法院发布的指导性案例；最高人民法院发布的非司法解释类审判业务规范性文件；公理、情理、经验法则、交易管理、民间规约、职业伦理；立法说明等立法裁量；采取历史、体系、比较等法律解释方法时使用的材料；法理及通行学术观点；与法律、司法解释等规范性文件不相冲突的其他论据。"该规定明确承认成文法以外的法源可以作为裁判理由。

② 孔祥俊：《司法哲学与裁判方法》，人民法院出版社2010年版，第139页。

③ 参见甘文《行政与法律的一般原理》，中国法制出版社2002年版，第135页。

④ 参见孙光宁《利益衡量的结果及其证成》，载陈金钊、谢晖主编《法律方法》（第15卷），山东人民出版社2014年版，第172—181页。

⑤ Canada, Access to Information Act.

⑥ South Africa, Promotion of Access to Information Act 2000, Article 46.

⑦ 参见王敬波《政府信息公开中的公共利益衡量》，《中国社会科学》2014年第9期。

着在具体情境下,对公共利益与个人利益进行具体衡量。①

公共警告应当适度运用,公共警告不作为会侵害公众权益,而公共警告违法或不当发布,也会侵害特定利害关系人的权益。利益衡量原则要求对发布公共警告可能获得的公共利益和可能造成的损害进行衡量,具体比较大小。公共警告利害关系人的多元、风险具有的不确定性等因素都增加了公共警告中利益衡量的难度。国外法院一般采取对基本权利的限制越强,则公共利益必须越重要的衡量模式。② 考虑到风险的不确定性和紧迫程度,公共警告发布主体往往被赋予很大裁量权,法院需要结合当时具体的情景来判定是否构成公共警告不作为或乱作为。需要以决策者当时所能掌握的既有信息为基础,对发布公共警告保护的公共利益和可能造成的损害进行衡量。例如,1989年费希尔兄弟公司案中,法院讨论了FDA局长当时所处的客观情景,认为由于时间和精力的限制,人类总是在技巧、感知、逻辑、沟通和其他无数的领域内犯错。③ 在紧急危险的情况下,如果决策者在做出决策之前等待更准确的数据,必然会带来更高的社会成本。④ 因此,法院认为FDA局长的行为合法。

当然,法官在运用利益衡量时,其所做出的价值判断如何得到规范,以防止利益衡量行使的恣意,这是需要认真对待的问题。因此,利益衡量要遵守一些法则,例如,说理论证原则、整体考量原则、原旨主义、谦抑原则等。⑤ 欧盟法院审查过风险判断中的裁量权。例如,欧盟第一初审法院指出,一定数量的、可信的科学数据支持该抗生素与人体产生抗药性之间的关系,行政机关在判断这种风险是否需要干

---

① 参见戴建华《行政法上的利益冲突与平衡——通过行政法价值的利益衡量》,《法学杂志》2011年第7期。
② 参见王书成《论比例原则中的利益衡量》,《甘肃政法学院学报》2008年第2期。
③ Fisher Bros. Sales v. United States, 17 F. 3d 647 (1994), p. 28, 29; Fisher Bros. Sales v. United States, 46 F. 3d 279 (1995), p. 287.
④ Fisher Bros. Sales v. United States, 46 F. 3d 279 (1995), p. 287.
⑤ 参见王书成《论比例原则中的利益衡量》,《甘肃政法学院学报》2008年第2期。

预时有裁量权。然而，该裁量权不能超越必要的界限，也要受到司法审查。①

2. 正当程序原则的运用

程序决定了法治和人治的基本差异。② 程序审查是相对于实体审查而言的。实体审查关注的是行政活动的结果是否合法，即判断行政活动的结果是否有法律依据、事实依据等。而程序审查关注的是行政主体按照何种步骤、方式和时限来行使权力。风险的不确定性特点，使得对公共警告案件进行实体审查的难度非常大。在很多紧急情况下，公共警告发布主体往往是在现有信息和知识非常有限，事实和证据不太充分的情况下作出是否发布公共警告的决定。另外，法官通常擅长法律解释，但是其科学知识往往是非常有限的，因此，面对非常专业、复杂的风险预测等行政活动，法官从实体方面去审查公共警告不作为是否合法非常艰难。但是，作出是否发布公共警告决定的程序却比较明确，它比实体问题更容易进行司法审查判断。因此，公共警告案件的司法审查，要多关注做出是否发布公共警告决定的程序是否合法、正当。审查程序上是否选用科学、正当、合理且可信的方法进行，若违反了上述审查标准，属于预测瑕疵而生违法的效果。③

然而，中国只有少数立法规定了发布公共警告决定的程序。法院在审查公共警告发布程序的合法性和正当性时，是不是仅能依据现行立法规定的程序条款？本书认为，不应仅依据立法规定的既有的程序条款，而且还应当坚持正当程序原则对个案进行分析。

正当程序原则是指将是否具有正当性作为行政程序的重要判断

---

① See Gregory N. Mandel, James Thuo Gathii, "Cost-Benefit Analysis Versus the Precautionary Principle: Beyond Cass Sunstein's Laws of Fear", *University of Illinois Law Review*, 2006, p. 1037.

② 参见任东来《美国宪政历程：影响美国的25个司法大案》，中国法制出版社2004年版，第427页。

③ 参见李震山《行政法导论》，三民书局1999年版，第248页。

标准。作为英美法系国家非常重要的宪法原则，其目的是规范和约束行政权力，保障公民权利。例如，美国宪法第 5 条和第 14 条修正案明确规定了正当程序原则。即使法律文本没有明确规定行政行为的程序，美国法院也可以依据正当程序原则审查行政行为的程序是否正当。如今，正当程序原则得到了越来越多国家的认可，法定程序规则正在不断地向正当程序规则转变。对于正当程序的内容，中外学者尽管在语言表达上不太一致，但实质大多都包含回避、信息公开、说明理由、申辩、听取意见等内容。①

法定程序具有客观、具体、明确的优势，可操作性固然比较强，但是比较僵化。在中国现行立法对于公共警告程序的规定非常少的当下，正当程序原则可以弥补法定程序的不足。② 在法律对程序未作规定时、程序性规定含义不确定时、立法允许自由裁量时，或者涉及多个权利冲突或利益衡量时，均需要正当程序原则予以指引和解释。③ 因此，正当程序原则可为法院审查公共警告程序提供标准。例如，如果食品咨询委员会人员的选择存在未能排除经济利益冲突、排除公众参与以及信息披露不透明的情况，利害关系人有权申请法院对此进行司法审查，这已经被美国的司法判例所肯定。④

虽然，正当程序原则在现行《行政诉讼法》中没有规定，但是，该原则的适用可以通过对《行政诉讼法》第 70 条进行法律解释来实现，一是可以扩大解释该法条中的"法定程序"，将正当程序原则的精神融入其中。⑤ 二是该法条中的"滥用职权"可以解释为包括了

---

① 参见黄学贤《正当程序有效运作的行政法保障——对中国正当程序理论研究与实践发展的学术梳理》，《学习与探索》2013 年第 9 期。
② 参见孙笑侠《法律对行政的控制——现代行政法的法理阐释》，山东人民出版社 1999 年版，第 134 页。
③ 参见黄学贤《正当程序有效运作的行政法保障——对中国正当程序理论研究与实践发展的学术梳理》，《学习与探索》2013 年第 9 期。
④ 参见李年清《美国食品安全风险规制中的科学咨询制度及其启示》，《苏州大学学报》（法学版）2018 年第 3 期。
⑤ 参见甘文《WTO 与司法审查的标准》，《法学研究》2001 年第 4 期；杨小君《行政诉讼问题研究与制度改革》，中国人民公安大学出版社 2007 年版，第 449 页以下。

滥用程序方面的裁量权，另外，该法条中"明显不当"实质也包括程序明显不具有正当性的情形。

综上，运用正当程序原则对作出是否发布公共警告决定的程序进行审查，是比较可行的审查路径。

二 对推理过程进行审查

"对推理过程进行审查"，也称为"严格检视"，它与实体审查方式和程序审查方式相对而言，该审查方式强调法院需要重点关注行政机关为什么会得出该结论，也就是，要重点关注行政活动的推理过程。①

在1984年谢弗林案发生之前，美国法院的行政解释审查标准并不统一。"谢弗林案"确立了司法遵从规则——"谢弗林尊重"，即法院必须接受行政机关的合理解释，除非其与立法或者立法史料明显不一致。而在后谢弗林时代，最高法院并没有在所有案件中都坚持这一原则，美国法院从司法克制主义逐渐走向司法能动主义。②

"对推理过程进行审查"在1969年韦特广播公司诉联邦通讯委员会案和1970年大波士顿电视台诉联邦通讯委员会案中有比较好的体现。美国利文撒尔法官在审理这两个案件中，认为法官应当对行政活动做"适度遵从但仔细的审查"，③该审查方法后来被称为"严格检视之审查"或"推理过程之审查"。④此后，联邦最高法院认可了该审查方法，在"奥弗顿公园案""西拉俱乐部案"等多个案件中均运用了严格检视之审查，⑤自此，传统的遵从性标准从此被取代。"对推理过

---

① 参见甘文《WTO与司法审查的标准》，《法学研究》2001年第4期；杨小君《行政诉讼问题研究与制度改革》，中国人民公安大学出版社2007年版，第318页。
② 参见黄琳《后谢弗林时代的美国行政解释司法审查——基于若干判例的审视》，《东南法学》2016年第1期。
③ See WAIT Radio v. FCC, 418 F. 2d 1153, 1157 (D. C. Cir. 1969); Greater Boston Television Corp. v. FCC, 444 F. 2d 841, 851 (D. C. Cir. 1970).
④ 参见刘东亮《涉及科学不确定性之行政行为的司法审查——美国法上的"严格检视"之审查与行政决策过程的合理化的借鉴》，《政治与法律》2016年第31期。
⑤ 参见刘东亮《过程性审查：行政行为司法审查方法研究》，《中国法学》2018年第5期。

程进行审查",要求法官审查行政活动的推理过程是否正当,而且,法官应当在裁判文书上对此进行释法说理。实质上,这与中国最高人民法院提倡的"裁判文书的释法说理"比较相似。

严格司法审查主要是针对要件行政裁量和涉及重大法益保护的行政裁量。① 行政活动对于生命、身体、健康等具有高度人权价值的法益构成侵害时,即使有自由裁量的余地,也要进行严格的合法性审查。② 是否决定发布公共警告,关系到公众的人身、健康权等重要权益,其涉及面广、影响巨大,应当适用"推理过程之审查"来判断行政机关的推理过程是否合理,确保有权发布主体已经进行了审慎的考虑。

因此,有权发布公共警告的主体应该证明其对所涉问题已经进行了尽可能多的事实调查(行政案卷必须详细记录具有决定性影响的事实根据),考虑了不同的专家和公众意见,基于哪些因素的考虑而没有做出或做出发布公共警告决定。如果公共警告有权发布主体对"风险"是否存在以及危害程度大小的认定与风险评估主体的认定一致,基于风险评估结论已经经过专业评估,因此,法院一般应该予以尊重,除非有明确证据证明评估明显错误或者违法。如果公共警告有权发布主体所做的裁量与风险评估机关的认定不同,则需要充分说明理由。而对于"公共利益"的判断,法院则可以依据自身的判断或者特定的方法进行审查,从而约束行政机关的裁量权。③

公共警告的种类很多,不同类型的公共警告在行为的客体、紧迫性、公开程度、危险程度等方面有所差异。涉他性公共警告可能会对特定利害关系人的权益造成影响,涉及公共警告发布者、公众、特定利害关系人等多元利益主体,会面临复杂的利益博弈,需要平衡公共利益与特定利害关系人的利益。因此,涉他性公共警告比非涉他性公

---

① 参见王贵松《论行政裁量的司法审查强度》,《法商研究》2012 年第 4 期。
② 参见[日]芝池义一、小早川光郎、宇贺克也编《行政法の争点》,有斐阁出版社 2004 年版,第 118 页,转引自王贵松《论行政裁量的司法审查强度》,《法商研究》2012 年第 4 期。
③ 曹炜:《转基因食品风险规制中的行政裁量》,《清华法学》2018 年第 2 期。

共警告应该受到更严格的法律约束，对于涉他性公共警告，尤其要严格遵循"推理过程之审查"。而非涉他性公共警告一般不涉及特定利害关系人，对其进行司法审查的标准可以适当宽松。

另外，对于确定性公共警告①，也要严格进行"推理过程之审查"。例如，在2006年北京福寿螺事件中，法院认为，确定北京市初次临床诊断广州管圆线虫病时，该病并未被纳入法定传染病管理，因此也未明确要求实行报告制度。同时，北京绝大多数医疗卫生机构的医生对该疾病缺乏认知，很难做出明确临床诊断。因此，法院认为不能认定北京市卫生局应按照"重大突发公共卫生事件"予以应对。②本书认为，本案中法院的判决并不恰当，没有充分考虑到公共警告的特殊性。对于这种已经发生了食用福寿螺而染病的情况后，如果不及时进行公共警告，会使更多的人染病。法院不能以该病没有纳入法定传染病管理，不属于"重大突发公共卫生事件"的范围为由而免除卫生局发布公共警告的职责。至少，北京市卫生局应当履行突发事件应急处理职责（依法报告），并应在第一时间向公众发布相关警示信息。

第四节 公共警告案件的举证责任与裁判方式

本节主要论证公共警告案件的举证责任与裁判方式，重点论证公共警告案件与其他案件相比有特色的地方。

一 公共警告案件的举证责任

公共警告是一种风险规制措施，而风险是不确定的。因此，公共

---

① 确定性公共警告是指向公众发布正在发生的或必然发生的风险信息，而不确定性公共警告是指向公众发布可能发生的风险信息。
② 参见表晓兰《北京"福寿螺"事件9患者状告市卫生局败诉》，http://www.china.com.cn/news/txt/2008-03/08/content_11936531.htm。

警告案件面临较大的举证责任困境。公共警告案件的举证责任重点要解决两方面问题,即公共警告案件中举证责任应该由谁承担?举证责任的范围和标准如何划分?

(一)公共警告案件中举证责任的承担主体

风险预防是对未来风险的预测,只有在风险真正发生之前发布公共警告才有意义。"风险"的本质是危险的可能性。"可能性"表示可能会发生危险,而不是一定会发生危险。公共警告的发布主体通常面临的是紧急情况,需要行政主体在短时间内快速作出是否发布公共警告的决定,以避免危险发生。然而,如果法律要求发布主体只能在有确凿证据的情况下才能发布公共警告,如果危险一旦发生,其危害后果有可能无法弥补。此外,由于风险的潜在性,许多风险的危害不是在短期内就出现,而是可能需要很长时间才会显现。如果要求发布主体必须要有确凿充分的证据或者危害出现时才能发布公共警告,损失可能已经无法避免。因此,风险预防原则要求在紧急情况下,即使在损害会发生的证据还不是很充分,发布主体也可以发布公共警告。由于公共警告行为与危害结果之间可能存在较长的间隔时间,这就无形中给因果关系的判断增加了难度。因此,在风险规制中,举证责任无论分配给谁,实际上都是难以承受的。①《温斯布莱德声明》提出举证责任应由从事可能造成危险的活动的一方承担。② 但是,也有观点认为,举证责任应由反对开展相应活动的一方承担。

诚然,风险规制虽然有其特殊性,然而,如果由从事可能造成危险的活动的一方承担全部举证责任,这明显与行政活动的先取证后作为的规则相悖,容易导致行政机关滥用职权。根据《行政诉讼法》规定,行政机关对被诉行政行为承担举证责任。基于行政活动遵循"先取证后作为"的规则,以及行政机关在取证便利、专业性强等方面较

---

① See Elizabeth Fisher, *Risk Regulation and Administrative Constitutionalism*, Hart Publishing, 2007, p.45.
② 参见金自宁《风险规制与行政法治》,《法制与社会发展》2012年第4期。

强的举证优势。因此，对于公共警告案件而言，在一般情况下，仍然应当由具有公共警告发布权的主体承担主要的举证责任，由其证明其发布公共警告或没有发布公共警告的合法性，否则就要承担败诉的法律责任。另外，原告应提供不作为侵害（将侵害）公共利益或公共警告行为侵犯其合法权益的初步证据。

此外，"对于不确定性和危害预期，不能仅由政府有关部门单向认定，还应引入反向风险证明机制，使风险活动的举行者有证明相关活动风险较低之机会。"① 赵鹏教授认为，"在风险预防措施的合法性引起争讼时，因存在科学上的不确定性而难以适用客观性举证责任，应由双方主体在各自的责任范围内举证说明。"② 因此，在是否发布公共警告涉及重大公共利益时，应按照特殊的举证责任的分配规则进行举证，风险活动的组织者有责任证明相关活动的风险较低。

综上，在一般情况下，公共警告案件仍然应当由具有公共警告发布权的主体承担主要的举证责任，由其证明其发布公共警告或没有发布公共警告的合法性。当是否发布公共警告涉及重大公共利益时，风险活动的组织者有责任证明相关活动的风险较低。

（二）公共警告案件中举证责任的范围和标准

对于采取风险预防措施所需的证明程度，有观点指出，只有当证据表明危害的发生基本确定时，才能采取风险预防措施。还有观点指出，风险预防原则要求只要危害可能发生，即使在未得到充分证明之前，就可以采取预防行为。③ 例如，1987 年第二次保护北海国际大会通过的《宣言》提出，即使没有明确的科学证据来证明因果关系，也必须采取行动。④《里约环境与发展宣言》规定"不得以缺乏科学充

---

① 苏宇：《风险预防原则的结构化阐释》，《法学研究》2021 年第 1 期。
② 王贵松：《风险行政的预防原则》，《比较法研究》2021 年第 1 期。
③ 参见赵鹏《风险、不确定性与风险预防原则——一个行政法视角的考察》，《行政法论丛》2009 年第 1 期。
④ 参见朱建庚《海洋环境保护中的风险预防原则研究》，博士学位论文，中国政法大学，2005 年。

分确实证据为理由,延迟采取符合成本效益的措施防止环境恶化"。①

行政主体发布公共警告所需证明的范围和标准在多大程度上才是妥当的,需要考虑公共警告的特殊性。如果危险潜伏期较长,行政主体事先收集的证据可能会消失。而且,在损害尚未发生且仍有潜在可能,且因果关系复杂的情况下,如果要求发布主体必须提供充分的证据来证明将来是否会发生损害,这是不现实的。因此,对于危害可能比较大,但是发布主体来不及完全证明危害之前就可以发布公共警告。也就是说,发布公共警告的主体很可能在"不确定性"中决定是否发布公共警告。另外,发布主体应该平衡发布公共警告可能对各利害关系人造成的影响。只有在确实有必要的时候才应该发布公共警告,而且应尽可能地收集更多的证据。此外,即使发布主体搜集到一定的证据证明是否有必要发布公共警告,但是由于风险的不确定性和科学的有限性形成的"无知",公共警告发布主体也有可能发生对风险错误判断的情况。

一般来说,美国法院对于负面信息披露的司法审查通常持有谦抑态度。有权主体基于自身的职责而披露风险信息,但在判断风险是否真实存在时,由于科学和技术的限制,经常不得不"决策于未知之中"。② 正如美国食药局局长爱德华兹所言,政府监管机构在应对可能直接危害公众生命安全的决策问题时,有时公众利益要求即使科学信息不完全,也要立即采取行动,此时政府必须优先保护消费者基本权利。③ 美国法院对负面信息披露的审查体现了尊重行政权行使和审慎审查的立场。即使面对错误的负面信息披露,法院也不会轻易认定政府的信息披露行为违法。法院的克制立场主要因为四个因素:司法不愿介入行政领域;因负面信息披露而对相关利益主体造成的损害往往是需要推测性的;负面信息披露行为并没有针对特定的当事人直接确

---

① 《里约环境与发展宣言》第 15 条。
② 朱春华:《美国法上的"负面信息披露"》,《比较法研究》2016 年第 3 期。
③ Ernest Gellhorn, "Adverse Publicity by Administrative Agencies", 86 *Harv. L. Rev.* 1415 (1973).

定或影响其法律权利义务；担心妨碍行政机关将来的行动能力。[①] 因此，在公众安全和知情权与对特定厂商的权利保护发生冲突时，法院全面倾向前者。[②] 例如，在美国1989年的"葡萄氰化物"事件中，虽然法院审理后认定，整个事件不利后果的发生是因费城实验室的技术人员违反了操作规程，导致结论出现偏差，但法院将发布行为以当时的情况进行考量，认为及时发布警示公告是当时合适的选择。因此，法院判决认为，食品和药物管理局享有收集证据和警告公众的自由裁量权，根据《联邦侵权索赔法》的规定应当免除损害赔偿。[③]

鉴于风险的特点和公共警告的特殊性，当事人举证责任的证明标准应相对灵活和宽松，风险预防原则赋予发布主体在必要时，即使在因果关系没有完全明朗的情况下也可以发布公共警告。此外，有权发布公共警告主体，应当在作出是否发布公共警告的决定时保留利益衡量的行政记录，这不仅便于事后监督，也有利于为将来可能发生的诉讼或复议提供证据。

"风险预防要求的证据充分程度要低于传统秩序行政中采取危险防卫行为的证据要求。"[④] 起诉公共警告不作为案件和起诉公共警告违法作为案件的举证内容并不相同，需要分别进行论证。

首先，对于起诉公共警告不作为的案件，一般情况下，在诉讼中被告需要证明下列事实之一：（1）有权发布主体履行了充分的注意义务并没有发现风险；（2）不符合依法发布公共警告条件的；（3）依法不属于被告发布公共警告。此外，对于有权发布主体当时驳回发布公共警告申请的，不仅应当证明上述情形之一，还应当证明当时已经书

---

① Lawrence A. Walke, "Federal Agency Publications: The Availability of Judicial Review", 69 *Wash. U. L. Q.* 1267, 1284 (1991).
② 参见王敬波《阳光下的阴影——美国信息公开例外条款的司法实践》，《比较法研究》2013年第5期。
③ Fisher Bros. Sales, Inc. v. U.S, 46 F. 3d 279, 284 (1995).
④ 赵鹏：《风险、不确定性与风险预防原则——一个行政法视角的考察》，《行政法论丛》2009年第1期。

面说明了拒绝发布公共警告的理由,并提供证据证明已经履行法定的告知义务和说明理由的义务。如果公共警告发布主体收到申请后无正当理由拒绝发布或者拒绝答复的,应当视为公共警告不作为。例如,中国公共卫生专家曾四次联名致信工业和信息化部,要求印上经国际实践证明是对烟草危害的最佳提醒的图形警告,但一直没有收到工业和信息化部的回复。在这种情况下,无论专家要求工信部印刷图形警告是否合法,工信部都应该给予答复(无论该答复是同意还是拒绝)。否则,就属于不作为。

其次,对于起诉公共警告违法作为案件,在诉讼中被告需要证明发布的公共警告符合立法规定的公共警告条件,包括事实依据、法律依据以及利益衡量的行政记录等内容。在是否发布公共警告涉及重大公共利益时,风险活动的举行者有证明相关活动风险较低的责任。

二 公共警告案件的裁判方式

由于对公共警告的性质认定意见不一致,2014年之前《行政诉讼法》的受案范围过窄,导致司法实践中不同法院的具体判决方式存在较大差异。在2014年《行政诉讼法》修改后,应重新论证公共警告案件的裁判方式问题。公共警告作为案件的裁判方式和公共警告不作为案件的裁判方式并不相同,需分别进行阐述。

(一)公共警告作为案件的裁判方式

在德国,公民如果受到即将发生或正在进行的行政事实行为的侵害,可以向行政法院提起诉讼,要求停止该行为。① 如果侵权行为已经完成并有可能恢复原状,就可以要求判决行政机关清除违法行政活动的后果,恢复原状。② 可见,德国通过预防性诉讼、给付之诉等多

---

① 参见〔德〕弗里德赫尔穆·胡芬《行政诉讼法》,莫光华译,法律出版社2003年版,第295—300页。
② 参见〔德〕哈特穆特·毛雷尔《行政法学总论》,高家伟译,法律出版社2000年版,第779—789页。

种方式保障公民基本权,能够为公民权利提供比较好的司法救济。

根据中国现行的《行政诉讼法》及司法解释的规定,公共警告作为案件的判决种类可分为三种。

1. 驳回原告诉讼请求判决。如果被诉公共警告行为合法且合理,法院应驳回原告诉讼请求。当然,公共警告行为合法、合理的判断应结合风险规制的特殊性进行考量。

2. 撤销或确认判决。在被诉公共警告行为存在主要证据不足、适用法律法规错误、违反法定程序、超越职权、滥用职权以及明显不当的情况,如果能够撤销的就应判决撤销,不能撤销的就做出确认违法判决。中国《行政诉讼法》第76条规定了"判决责令被告采取补救措施",实质包括了对危害结果的清除。对公共警告作为案件而言,在法院作出撤销或确认判决时,可责令被告作出有效的更正声明。因此,当违法公共警告行为没有对特定利害关系人造成实质损害时或者还可以挽回损失时,可以撤销的,应当判决撤销,同时,特定利害关系人可以请求法院责令公共警告的发布主体作出更正声明,以消除不利影响。如果违法公共警告行为已经给特定利害关系人造成损害,即使法院撤销公共警告,对特定利害关系人也已经没有意义,法院可判决确认公共警告行为违法。

3. 赔偿或者补偿判决。错误公共警告对利害关系人产生的影响很难完全恢复。正如美国最高法院指出,"对人格和名誉造成的损害……却没有同等有效的手段予以恢复"。[1] 媒体对存在风险的消息的报道范围是否认存在风险的信息的三倍多。[2] 因此,对于错误公共警告导致的损害,利害关系人应当根据情况,有权请求行政赔偿或行政补偿。公共警告违法发布可能会引发赔偿,而公共警告发布不当可能会导致补偿。公共警告违法作为和不作为赔偿责任有不同的特点和制度逻辑。

---

[1] Respublica v. Oswald, 1 U. S. 319, 324 (1788).
[2] See Frank B. Cross, The Public Role in Risk Control, 24 Environmental Law 887, 906 (1994).

判断公共警告违法作为赔偿责任应以违法归责原则为主，并运用过错责任推定原则来区分发布主体的故意和过失。公共警告不作为赔偿责任的构成要件包括公共警告不作为的客观存在、公众的合法权益受到实际损害、公共警告不作为与实际损害之间存在相当程度的因果关系以及受害人不能通过其他途径受偿。对发布不当公共警告造成的损害进行补偿，不仅是规范公共警告裁量权以实现权责统一的需要，也是基于对特定利害关系人合法权益的救济需要。公共警告案件的具体补偿方式可以非货币补偿方式为原则、货币补偿作为补充。

（二）公共警告不作为案件的裁判方式

公共警告不作为案件的裁判方式问题，需要根据修改后的《行政诉讼法》和司法解释的规定来分析。对于公共警告不作为案件而言，法院一般应该根据具体情况分别作出驳回诉讼请求判决和确认违法判决，极少数特殊案件也可以适用履行判决。

如果原告起诉公共警告不作为不能成立时，法院应作出驳回诉讼请求判决。主要包括以下情形：（1）在行政机关已履行充分的谨慎注意义务，但没有发现风险；（2）不符合依法发布公共警示条件的；（3）被告对该事项无公共警告发布权；（4）公共警告已经及时发布；（5）其他应当判决驳回诉讼请求的情形。

如果原告起诉公共警告不作为理由成立时，法院应作出确认违法判决。确认违法判决主要用来确认不作为的违法性问题。原告起诉公共警告不作为，一般都无须被告再履行发布公共警告的职责，因为此时公共警告已无发布的意义，原告的诉求主要是要求被告赔偿。根据中国《行政诉讼法》第76条的规定，法院还可以责令被告采取补救措施，该条款主要借鉴了日本的情势变更判决，兼顾了公共利益和利害关系人利益的平衡保护。

另外，还有极少数特殊案件也可以适用《行政诉讼法》第72条规定的履行判决。履行判决的适用条件是法院查明被告未履行发布公共警告的职责，而且，在作出判决时又有发布公共警告的必要性的，法院可以作出履行判决，要求被告在一定期限内履行发布公共警告的职责。

结　　论

　　政府对公众负有安全保障的职责。近年来，风险事件的爆发更加频繁，现代风险的严重性和不确定性以及风险规制的复杂性是对国家治理体系和治理能力的严峻考验。美国行政学家奥斯本和盖布勒提出了"有预见的政府——预防而不是治疗"的治理范式。[①] 政府应该如何选择高效的风险规制工具来有效预防风险，已成为目前亟须解决的现实问题。

　　作为一种"助推"方式，公共警告具有较灵活、低成本等优势，有利于助推公众风险信息知情权的实现，在保障公众权益免受风险侵害方面效果突出。公共警告的兴起暗合了中国当下公众风险意识和权利保障诉求的高涨，符合法治社会中权力公开和服务政府理念的要求，极大地提高了政府风险治理能力。但是，如果公共警告权的违法或不当行使，也会侵犯利害关系人的合法权益。

　　"有权不可任性"，公共警告权必须依法行使。另一方面，权力亦不能怠惰，"法定职责必须为"。在依法治国、依法执政、依法行政共同推进背景下，必须坚持以人民为中心的原则，建设"人民满意型"法治政府。[②] 发布公共警告涉及公众和特定利害关系人之间复杂的利

[①] 参见［美］戴维·奥斯本、特德·盖布勒《改革政府：企业精神如何改革着公营部门》，上海市政协编译组、东方编译所编译，上海译文出版社1996年版，第202页。

[②] 参见应松年《新时代行政法治建设的内容、经验与展望》，《中国司法》2022年第2期。

益博弈。政府不仅有责任促进公共利益，而且有义务保障相关利害关系人的合法权益，应注重协调多元利益冲突，满足风险规制的现实需求与保障人权的客观要求。而"国家能够在多大程度上限缩个人的权限和自由空间，同时又不与自由民主秩序的基本原则相矛盾，始终是一个疑难问题"①。

"为兼顾自由与安全两大要求，需在根本上及个别案件中寻求不同之解决方法。"② 政府的规制手段必须要与规制目标相匹配。行政权力天生扩张的天性决定了我们在规范并保障公共警告权有效行使的同时，需注重相关利害关系人的权利保障。而利害关系人在维护其合法权益的过程中的积极参与以及权利主张，又能对公共警告权形成有效的监督，促进其规范行使。因此，本书积极探索公共警告发布主体与利害关系人之间权力与权利关系以及利害关系人之间权利与权利关系在现实博弈中的良性互动，促进公共警告中新型互动式法律关系的生成和发展。

然而，不确定法律概念的抽象性以及立法的滞后性增加了公共警告中利益衡量的难度。因此，如何保障公共警告利害关系人权益，平衡其中的多元利益关系，成为当下重要的研究课题。本书试图弥补行政法学界对公共警告利害关系人权益保障理论研究的不足，进一步拓展公共警告研究的视角，回应现实中公众迫切的权利需求，保障公众依法获取风险信息，促进公共警告中的公共利益和个人利益的平衡。通过对公共警告利害关系人权益保障基础理论的梳理，观察中国公共警告利害关系人权益保障在实践中存在的问题及其成因，并以权益保障的手段和方式为标准，通过对公共警告权的规范对公共警告利害关系人权益保障问题进行理论和制度的体系化建构，具体分为实体法保障、程序法保障和救济法保障三种路径。

---

① 周雷：《营业自由作为基本权利：规范变迁、宪法依据与保护范围》，《中国法律评论》2020年第5期。
② 李震山：《警察任务论》，台北登文书局1998年版，第24页。

为了有效防范风险，又要保障公共警告利害关系人的权益，不能仅仅满足于对政府风险规制手段合法性的追求，而应该把法治和善治紧密结合起来，增加对风险规制行为的理性考虑，在充分保障人权的前提下，审慎科学地选择更具"情境合理性"的规制方式。公共警告并不是万能的，应该注意它与传统政府规制手段的协调与合作，完善公共警告发布主体权限、适用条件、发布内容等公共警告利害关系人权益的实体法保障体系。

持续的观察显示，中国公共警告程序规定比较缺失，需要运用正当程序原则、多元主体的有效参与以及运用时空要素加强公共警告利害关系人权益的程序法保障。

风险规制的特殊性、大量不确定法律概念、合法性审查原则与立法不完善之间的紧张关系以及公共警告涉及多方利益关系等因素决定了需要借助法律方法研究公共警告案件的司法救济问题。通过文义解释、体系解释和目的解释，对作为行政诉讼受案范围标准的"行政行为"的外延进行界定，判断公共警告具有可诉性。另外，对公共警告案件原告资格应进行扩张解释。公共警告案件的司法审查，需要运用行政法基本原则，并注重对推理过程进行审查。

面对复杂的公共警告实践，学界需要在兼具世界眼光和本土问题意识视角下，把中国制度优势更好转化为国家治理效能，[①]进一步探索成熟的风险规制技术，进行有现实解释力的公共警告利害关系人权益保障理论建构，有效回应风险规制的现实要求。

虽然本书论证的逻辑框架与传统行政行为并无较大差异，但是其中的具体论证内容与传统行政行为并不相同。就公共警告利害关系人权益保障问题的进一步研究而言，尤其应注意三个问题：一是风险的特点以及风险规制的需要决定了将法学、经济学等多个学科智识融合进

---

① 靳诺：《把中国制度优势更好转化为国家治理效能》，《人民日报》2021年1月13日第09版。

行综合研究的必要性。① 未来的研究需综合吸收心理学、社会学等学科的知识,以解决公共警告利害关系人权益保障问题为导向,结合公共警告中的规则、关系、过程等要素系统性地开展研究。二是随着信息技术的快速发展,政府部门需运用人工智能、云计算、大数据分析等现代科技手段来提高公共警告发布的准确性和及时性,进而提升政府风险治理能力。对于政府部门在运用现代科技手段中存在的法律问题应当高度关注,因此,在行政法与其他学科交叉的视角下,如何对这些问题进行必要的行政法规制,也是比较重要的课题。未来,有必要针对实践中出现的新问题进行理论和实践的融合性研究。三是虽然本书在实体法保障以及程序法保障部分均涉及行政内部的约束问题,但囿于篇幅的限制以及论证重点的需要,本书并未对行政自我约束展开非常深入的论证。加强公共警告权的行政自我约束,正如美国运用行为指南、内部规范等措施控制裁量权的滥用方面取得较好的效果,这也是未来需要进一步研究的重要课题。

---

① 参见戚建刚《风险规制的兴起与行政法的新发展》,《当代法学》2014年第6期。

参考文献

一 著作及译著类

陈春生：《行政法之学理与体系》，三民书局1996年版。

陈敏：《行政法总论》，新学林出版股份有限公司2009年版。

陈新民：《德国公法学基础理论》，法律出版社2010年版。

陈新民：《公法学札记》，中国政法大学出版社2001年版。

董保城、湛中乐：《国家责任法——兼论大陆地区行政补偿与行政赔偿》，元照出版公司2005年版。

方世荣：《论行政相对人》，中国政法大学出版社2000年版。

甘文：《行政与法律的一般原理》，中国法制出版社2002年版。

何海波：《实质法治：寻求行政判决的合法性》，法律出版社2009年版。

后向东：《美国联邦信息公开制度研究》，中国法制出版社2014年版。

黄顺康：《公共危机管理与危机法制研究》，中国检察出版社2006年版。

江利红：《日本行政法学基础理论》，知识产权出版社2008年版。

姜明安等：《行政程序法典化研究》，法律出版社2016年版。

孔祥俊：《司法哲学与裁判方法》，人民法院出版社2010年版。

李洪雷：《行政法释义学：行政法学理的更新》，中国人民大学出版社

2015年版。

李玫：《西方政策网络理论研究》，人民出版社2013年版。

刘恒等：《政府信息公开制度》，中国社会科学出版社2004年版。

刘杰：《知情权与信息公开法》，清华大学出版社2005年版。

刘茂林、王广辉：《社会公正与法治国家》，武汉大学出版社2008年版。

吕艳滨：《信息法治：政府治理新视角》，社会科学文献出版社2009年版。

吕忠梅等：《长江流域水资源保护立法研究》，武汉大学出版社2006年版。

戚建刚：《灾难性风险行政法规制的基本原理》，法律出版社2015年版。

齐爱民：《个人资料保护法原理及其跨国流通法律问题的研究》，武汉大学出版社2004年版。

沈岿：《风险规制与行政法新发展》，法律出版社2013年版。

沈岿：《平衡论：一种行政法认知模式》，北京大学出版社1999年版。

石佑启：《论公共行政与行政法学范式转换》，北京大学出版社2003年版。

宋华琳：《药品行政法专论》，清华大学出版社2015年版。

宋华琳、傅蔚冈主编：《规制研究第2辑：食品与药品安全的政府监管》，格致出版社、上海人民出版社2009年版。

孙琬钟、江必新：《行政管理相对人的权益保护》，法律出版社2003年版。

田义利：《非强制性行政行为及其法治化路径研究》，知识产权出版社2008年版。

童之伟：《法权与宪政》，山东人民出版社2001年版。

王贵松：《日本食品安全法研究》，中国民主法制出版社2009年版。

王贵松：《行政裁量的构造与审查》，中国人民大学出版社2016年版。

王敬波：《政府信息公开：国际视野与中国发展》，法律出版社2016年版。

王敬波主编：《世界信息公开法汇编》，法律出版社2017年版。

王敬波主编：《五十国信息公开制度概览》，法律出版社2016年版。

王利明：《人格权法研究》，中国人民大学出版社2005年版。

王名扬：《比较行政法》，北京大学出版社2006年版。

王锡锌：《公众参与和行政过程：一个理念和制度分析的框架》，中国民主法制出版社2007年版。

王锡锌：《行政程序法理念与制度研究》，中国民主法制出版社2007年版。

翁岳生：《行政法》，中国法制出版社2002年版。

吴庚：《行政法之理论与实用》，三民书局1995年版。

吴志光：《行政法》，新学林出版股份有限公司2006年版。

徐信贵：《政府公共警告的法律问题研究》，法律出版社2014年版。

薛晓源、周战超：《全球化与风险社会》，社会科学文献出版社2005年版。

杨海坤、章志远：《中国特色政府法治论研究》，法律出版社2008年版。

杨建顺：《日本行政法通论》，中国法制出版社1998年版。

杨解君：《走向法治的缺失言说》，法律出版社2001年版。

杨伟东：《政府信息公开主要问题研究》，法律出版社2013年版。

杨雪冬等：《风险社会与秩序重建》，社会科学文献出版社2006年版。

叶俊荣：《行政法案例分析与研究方法》，三民书局1999年版。

应飞虎：《信息失灵的制度克服研究》，法律出版社2004年版。

余凌云：《行政法案例分析和研究方法》，中国人民大学出版社2008年版。

张千帆、赵娟、黄建军：《比较行政法——体系、制度与过程》，法律出版社2008年版。

章剑生：《现代行政法总论》，法律出版社2014年版。

郑春燕：《现代行政中的裁量及其规制》，法律出版社 2015 年版。

周汉华：《政府监管与行政法》，北京大学出版社 2007 年版。

周佑勇：《行政裁量基准研究》，中国人民大学出版社 2015 年版。

朱春华：《公共警告制度研究》中国社会科学出版社 2013 年版。

朱新力、唐明良等：《行政法基础理论改革的基本图谱："合法性"与"最佳性"二维结构的展开路径》，法律出版社 2013 年版。

朱应平：《宪法人权条款的司法适用技术规范研究》，中国民主法制出版社 2016 年版。

［德］埃贝哈德·施密特-阿斯曼：《行政法总论作为秩序理念——行政法体系建构的基础与任务》，林明锵等译，元照出版有限公司 2009 年版。

［德］奥托·迈耶：《德国行政法》，刘飞译，商务印书馆 2002 年版。

［德］弗里德赫尔穆·胡芬：《行政诉讼法》，莫光华译，法律出版社 2003 年版。

［德］格尔德·吉仁泽：《风险与好的决策》，王晋译，中信出版社 2015 年版。

［德］哈特穆特·毛雷尔：《行政法总论》，高家伟译，法律出版社 2000 年版。

［德］汉斯·J. 沃尔夫等：《行政法》（第二卷），高家伟译，商务印书馆 2002 年版。

［德］卡尔·拉伦茨：《法学方法论》，陈爱娥译，五南图书出版公司 1996 年版。

［德］康德：《法的形而上学原理——权利的科学》，沈叔平译，商务印书馆 1991 年版。

［德］马克斯·韦伯：《论经济与社会中的法律》，张乃根译，中国大百科全书出版社 1998 年版。

［德］平特纳：《德国普通行政法》，朱林译，中国政法大学出版社 1999 年版。

[德] 乌尔里希·贝克：《风险社会》，何博闻译，译林出版社 2004 年版。

[法] 霍尔巴赫：《自然政治论》，陈太先、睦茂译，商务印书馆 1994 年版。

[古希腊] 亚里士多德：《政治学》，吴寿彭译，商务印书馆 1965 年版。

[美] 阿尔文·托夫勒：《未来的冲击》，蔡伸章译，中信出版社 2006 年版。

[美] B. 盖伊·彼得斯等编：《公共政策工具——对公共管理工具的评价》，顾建光译，中国人民大学出版社 2007 年版。

[美] 博登海默：《法理学：法律哲学与法律方法》，邓正来译，中国政法大学出版社 1999 年版。

[美] 德沃金：《认真对待权利》，信春鹰、吴玉章译，中国大百科全书出版社 1998 年版。

[美] 汉密尔顿等：《联邦党人文集》，程逢如等译，商务印书馆 1980 年版。

[美] 卡斯·桑斯坦：《选择的价值：如何做出更自由的决策》，贺京同等译，中信出版社 2017 年版。

[美] 凯斯·R. 桑斯坦：《风险与理性——安全、法律与环境》，师帅译，中国政法大学出版社 2005 年版。

[美] 凯斯·R. 桑斯坦：《最差的情形》，刘坤轮译，中国人民大学出版社 2010 年版。

[美] 凯斯·R. 桑斯坦：《权利革命之后：重塑规制国》，钟瑞华译，中国人民大学出版社 2008 年。

[美] 理查德·B. 斯图尔特：《美国行政法的重构》，沈岿译，商务印书馆 2002 年版。

[美] 理查德·塞勒、卡斯·桑斯坦：《助推：如何做出有关健康、财富与幸福的最佳决策》，刘宁译，中信出版集团 2018 年版。

[美] 迈克尔·D. 贝勒斯：《程序正义——向个人的分配》，邓海平译，高等教育出版社2005年版。

[美] 迈克尔·D. 贝勒斯：《法律的原则》，张文显等译，中国大百科全书出版社1996年版。

[美] 史蒂芬·布雷耶：《打破恶性循环：政府如何有效规制风险》，宋华琳译，法律出版社2009年版。

[美] 史蒂芬·布雷耶：《规制及其改革》，李洪雷等译，北京大学出版社2008年版。

[美] 特里·库珀：《行政伦理学》，张秀琴译，中国人民大学出版社2001年版。

[美] 沃缪勒：《不确定状态下的裁判——法律解释的制度理论》，梁迎修、孟庆友译，北京大学出版社2011年版。

[美] 珍妮·X. 卡斯帕森：《风险的社会视野》（上），张秀兰、童蕴芝译，中国劳动社会保障出版社2010年版。

[日] 和田英夫：《现代行政法》，倪健民等译，中国广播电视出版社1993年版。

[日] 黑川哲志：《环境行政的法理与方法》，肖军译，中国法制出版社2008年版。

[日] 盐野宏：《行政法》，杨建顺译，法律出版社1999年版。

[日] 盐野宏：《行政法》，杨建顺译，法律出版社2008年版。

[英] 安东尼·吉登斯：《现代性与自我认同：晚期现代中的自我与社会》，赵旭东、方文译，生活·读书·新知三联书店1998年版。

[英] 弗里德利希·冯·哈耶克：《自由秩序原理》，邓正来译，生活·读书·新知三联书店1997年版。

[英] 罗伯特·鲍德温、马丁·凯夫、马丁·洛奇：《牛津规制手册》，宋华琳、李鹐、安永康、卢超译，上海三联书店2017年版。

[英] 洛克：《政府论》，瞿菊、叶启芳译，商务印书馆1996年版。

[英] 迈克尔·马尔凯：《科学与知识社会学》，林聚任等译，东方出

版社 2001 年版。

［英］托尼·普罗瑟：《政府监管的新视野：英国监管机构十大样本考察》，马英娟、张浩译，译林出版社 2020 年版。

［英］韦德：《行政法》，徐炳译，中国大百科全书出版社 1997 年版。

［英］谢尔顿·克里姆斯基、多米尼克·戈尔丁：《风险的社会理论学说》，徐元玲、孟毓焕、徐玲等译，北京出版社 2005 年版。

［英］伊丽莎白·费雪：《风险规制与行政宪政主义》，沈岿译，法律出版社 2012 年。

二 编著类

胡建淼、朱新力主编：《行政违法问题探究》，法律出版社 2000 年版。

胡建淼主编：《行政行为基本范畴研究》，浙江大学出版社 2005 年版。

姜明安、余凌云主编：《行政法》，科学出版社 2010 年版。

姜明安主编：《行政法与行政诉讼法》，北京大学出版社、高等教育出版社 2005 年版。

马怀德主编：《行政诉讼法学》，北京大学出版社 2015 年版。

应松年主编：《外国行政程序法汇编》，中国法制出版社 2004 年版。

袁杰主编：《中华人民共和国行政诉讼法解读》，中国法制出版社 2014 年版。

张正钊、胡锦光主编：《行政法与行政诉讼法》，中国人民大学出版社 2013 年版。

最高人民法院行政审判庭编：《中国行政审判案例》（第 3 卷），中国法制出版社 2013 年。

三 期刊类

安永康：《作为风险规制工具的行政执法信息公开——以食品安全领域为例》，《南大法学》2020 年第 3 期。

蔡培如、王锡锌：《论个人信息保护中的人格保护与经济激励机制》，

《比较法研究》2020年第1期。

曹炜：《转基因食品风险规制中的行政裁量》，《清华法学》2018年第2期。

钞天真、李志翀：《试论"公共警告"行为》，《理论界》2005年第10期。

陈光亮：《德国食品安全监管给我们的启示》，《中国食品药品监管》2007年第1期。

陈嘉音、杨悦：《美国FDA信息公开与保密的研究》，《中国药学杂志》2019年第1期。

陈金钊：《"法律解释权"行使中的"尊重和保障人权"》，《政治与法律》2019年第1期。

陈金钊：《法律如何调整变化的社会——对"持法达变"思维模式的诠释》，《清华法学》2018年第6期。

陈金钊：《作为方法的目的解释》，《学习与探索》2003年第6期。

陈越峰：《判例中的法学方法与法治体系建设》，《华东政法大学学报》2014年第6期。

成协中：《保护规范理论适用批判论》，《中外法学》2020年第1期。

成协中：《风险社会中的决策科学与民主——以重大决策社会稳定风险评估为例的分析》，《法学论坛》2013年第1期。

程啸：《民法典编纂视野下的个人信息保护》，《中国法学》2019年第4期。

程岩：《规制国家的法理学构建——评桑斯坦的〈权利革命之后：重塑规制国〉》，《清华法学》2010年第2期。

崔军勇、李洪军：《对侵犯生命健康权案件中因果关系认定之分析》，《延边党校学报》2004年第3期。

崔卓兰、朱虹：《从美国的环境执法看非强制行政》，《行政法学研究》2004年第2期。

邓刚宏：《论行政公告行为的司法救济》，《行政法学研究》2009年第

1 期。

杜仪方:《行政赔偿中的"违法"概念辨析》,《当代法学》2012 年第 3 期。

范进学:《法治发展与社会管理创新》,《政治与法律》2012 年第 4 期。

范进学:《论美国司法审查的实质性标准》,《河南政法干部管理学院学报》2011 年第 2 期。

高家伟:《论行政诉讼原告资格》,《法商研究》1997 年第 1 期。

耿宝建:《主观公权利与原告主体资格——保护规范理论的中国式表述与运用》,《行政法学研究》2020 年第 2 期。

郭庆珠:《论行政规划利害关系人的权利保障和法律救济——兼从公益与私益博弈的视角分析行政规划的法律规制》,《法学论坛》2006 年第 3 期。

郝思洋:《个人信息权确立的双重价值——兼评〈民法总则〉第 111 条》,《河北法学》2017 年第 10 期。

何渊、徐剑:《中国行政法学三十年高影响论文之回顾与反思——基于主流数据库(1978—2008 年)的引证分析》,《行政法学研究》2010 年第 2 期。

贺译荨:《公布行政违法信息作为声誉罚:逻辑证成与制度构设》,《行政法学研究》2020 年第 6 期。

洪延青:《藏匿于科学之后?规制、科学和同行评审间关系之初探》,《中外法学》2012 年第 3 期。

胡建淼、马良骥:《政府管理与信息公开之法理基础》,《法学论坛》2005 年第 4 期。

胡建淼、马良骥:《信息技术发展带来的法律新课题——〈个人信息保护法〉研究》,《科学学研究》2005 年第 6 期。

黄彪文:《转基因争论中的科学理性与社会理性的冲突与对话:基于大数据的分析》,《自然辩证法研究》2016 年第 11 期。

黄伟群、曹雨佳：《政府信息公开保密审查制度多国比较研究》，《图书馆情报工作》2014年第23期。

黄学贤：《正当程序有效运作的行政法保障——对中国正当程序理论研究与实践发展的学术梳理》，《学习与探索》2013年第9期。

黄永维、郭修江：《司法谦抑原则在行政诉讼中的适用》，《法律适用》2021年第2期。

江必新、江春燕：《公众参与趋势对行政法和行政法学的挑战》，《中国法学》2005年第6期。

江利红：《行政过程论在中国行政法学中的导入及其课题》，《政治与法律》2014年第2期。

姜福东：《扩张解释与限缩解释的反思》，《浙江社会科学》2010年第7期。

蒋北辰、王东东：《宪法意义上的公民财产权保障》，《兰州学刊》2011年第7期。

金自宁：《风险规制与行政法治》，《法制与社会发展》2012年第4期。

金自宁：《风险规制中的信息沟通及其制度建构》，《北京行政学院学报》2012年第5期。

金自宁：《风险决定的理性探求——PX事件的启示》，《当代法学》2014年第6期。

金自宁：《风险视角下的突发公共卫生事件预警制度》，《当代法学》2020年第3期。

金自宁：《作为风险规制工具的信息交流以环境行政中TRI为例》，《中外法学》2010年第3期。

李国际、夏雨：《知情权的宪法保护》，《江西社会科学》2007年第2期。

李红、何坪华、刘华楠：《美国政府食品安全信息披露机制与经验启示》，《世界农业》2006年第4期。

李佳：《对行政行为形式理论的反思——以公共警告为例》，《求索》2012年第2期。

李年清：《美国食品安全风险规制中的科学咨询制度及其启示》，《苏州大学学报》（法学版）2018年第3期。

李伟民：《"个人信息权"性质之辨与立法模式研究——以互联网新型权利为视角》，《上海师范大学学报》（哲学社会科学版）2018年第3期。

梁凤云：《〈行诉解释〉重点条文理解与适用》，《法律适用》2018年第11期。

林鸿潮：《个人信息在社会风险治理中的利用及其限制》，《政治与法律》2018年第4期。

林来梵、季彦敏：《人权保障：作为原则的意义》，《法商研究》2005年第4期。

林来梵、张卓明：《论权利冲突中的权利位阶——规范法学视角下的透视》，《浙江大学学报》（人文社会科学版）2003年第6期。

刘东亮：《过程性审查：行政行为司法审查方法研究》，《中国法学》2018年第5期。

刘东亮：《涉及科学不确定性之行政行为的司法审查——美国法上的"严格检视"之审查与行政决策过程的合理化的借鉴》，《政治与法律》2016年第3期。

刘恒：《论风险规制中的知情权》，《暨南学报》（哲学社会科学版）2013年第5期。

刘松山：《保障法律实施的若干条件》，《华东政法大学学报》2008年第1期。

刘艺：《检察公益诉讼败诉案件中的客观诉讼法理》，《行政法学研究》2020年第6期。

罗豪才、甘雯：《行政法的"平衡"及"平衡论"范畴》，《中国法学》1996年第4期。

罗智敏：《中国行政诉讼中的预防性保护》，《法学研究》2020 年第 5 期。

马怀德：《习近平法治思想中法治政府理论的核心命题》，《行政法学研究》2020 年第 6 期。

孟大川：《职权法定原则的内涵、意义与要求》，《探索》2001 年第 5 期。

彭艳霞、王爱平：《行政处罚中渎职犯罪的解析与规制——以徇私舞弊不移交刑事案件的实证研究为视角》，《北京社会科学》2015 年第 11 期。

戚建刚：《风险规制的兴起与行政法的新发展》，《当代法学》2014 年第 6 期。

戚建刚：《风险规制过程合法性之证成——以公众和专家的风险知识运用为视角》，《法商研究》2008 年第 5 期。

戚建刚：《风险认知模式及其行政法制之意蕴》，《法学研究》2009 年第 5 期。

戚建刚：《民众对非典等极端事件的风险恐慌及其行政法治理》，《中国法学》2010 年第 2 期。

戚建刚：《向权力说真相：食品安全风险规制中信息工具之应用》，《江淮论坛》2011 年第 5 期。

戚建刚、余海洋：《统一风险行政程序法的学理思考》，《理论探讨》2019 年第 5 期。

钱婕：《食品安全风险警示制度研究——基于政府社会治理的视角》，《创新》2014 年第 4 期。

秦策：《法律原则裁判功能之限定》，《江海学刊》2011 年第 6 期。

沈岿：《食品免检制之反思》，《法商研究》2009 年第 3 期。

沈岿：《疫情防控中个人信息保护的痛点与难点》，《中国法律评论》2020 年第 3 期。

石佑启、杨治坤：《中国政府治理的法治路径》，《社会科学文摘》

2018 年第 7 期。

时诚：《疫情防控中个人信息使用的合法性基础》，《图书馆建设》2020 第 3 期。

斯蒂格利茨、宋华琳：《自由、知情权和公共话语》，《环球法律评论》2002 年第 3 期。

宋华琳：《论政府规制中的合作治理》，《政治与法律》2016 年第 8 期。

宋华琳：《中国的比较行政法研究》，《中国社会科学评价》2020 年第 3 期。

宋立荣、彭洁：《美国政府"信息质量法"的介绍及其启示》，《情报杂志》2012 年第 2 期。

孙光宁、陈金钊：《法律方法论学科的拓展——2016 年中国法律方法论研究报告》，《山东大学学报》（哲学社会科学版）2017 年第 5 期。

谭宗泽、傅大峰：《从规范程序到程序规范：面向行政的行政程序及其展开》，《行政法学研究》2021 年第 1 期。

王本存：《法律规制中的助推：应用与反思》，《行政法学研究》2021 年第 5 期。

王殿华等：《风险交流：食品安全风险防范新途径——国外的经验及对我国的借鉴》，《中国应急管理》2012 年第 7 期。

王贵松：《风险规制行政诉讼的原告资格》，《环球法律评论》2020 年第 6 期。

王贵松：《论行政裁量的司法审查强度》，《法商研究》2012 年第 4 期。

王贵松：《行政裁量权收缩之要件分析——以危险防止型行政为中心》，《法学评论》2009 年第 3 期。

王贵松：《行政法上不确定法律概念的具体化》，《政治与法律》2016 年第 1 期。

王贵松：《作为利害调整法的行政法》，《中国法学》2019 年第 2 期。

王红霞、周建平：《经营自由的价值意蕴与制度逻辑》，《人民法治》

2016 年第 5 期。

王利明：《论个人信息权的法律保护——以个人信息权与隐私权的界分为中心》，《现代法学》2013 年第 4 期。

王万华：《新行政诉讼法中"行政行为"辨析——兼论中国应加快制定行政程序法》，《国家检察官学院学报》2015 年第 4 期。

王锡锌：《中国公共决策专家咨询制度的悖论及其克服——以美国〈联邦咨询委员会法〉为借鉴》，《法商研究》2007 年第 2 期。

王月明：《公民监督权体系及其价值实现》，《法学论坛》2010 年第 3 期。

王韵茹：《浅论德国基本权释义学的变动》，《成大法学》2009 年第 1 期。

王泽鉴：《危险社会、保护国家与损害赔偿法》，《月旦法学》2005 年第 2 期。

吴金鹏、苟岚馨：《美国联邦政府信息公开相关法律与制度解读》，《情报科学》2016 年第 6 期。

吴振宇：《行政诉讼中的证据评价与证明标准》，《行政法学研究》2004 年第 3 期。

相丽玲、牛丽慧：《论公民信息权》，《现代情报》2014 年第 11 期。

肖金明：《推进法治社会理论与实践创新》，《法学杂志》2017 年第 8 期。

肖萍、刘红梅：《社会治理下的公共警告及其制度化构想》，《理论与改革》2012 年第 2 期。

谢忠华、刘文娟：《公共警告的性质厘定与法治完善》，《太原理工大学学报》（社会科学版）2012 年第 5 期。

熊樟林：《行政处罚的种类多元化及其防控——兼论中国〈行政处罚法〉第 8 条的修改方案》，《政治与法律》2020 年第 3 期。

徐信贵：《德国消费危险预防行政中的公共警告制度》，《云南行政学院学报》2012 年第 5 期。

徐信贵:《基本权利保障视域下政府公共警告三阶审查模式》,《重庆大学学报》(社会科学版) 2015 年第 4 期。

徐信贵:《论行政法原则在政府公共警告中的映射》,《广西社会科学》2014 年第 8 期。

徐信贵:《美国消费危害行政预警机制及其启示》,《行政论坛》2010 年第 5 期。

徐信贵:《日本消费领域的危害预防型公共治理研究——以消费危害情报制度为主线》,《武汉理工大学学报》(社会科学版) 2010 年第 3 期。

徐信贵:《食品安全风险警示的行政法问题》,《重庆理工大学学报》(社会科学) 2014 年第 6 期。

徐信贵:《食品安全监管中存在的权责问题及其化解方式》,《理论探索》2014 年第 4 期。

徐信贵:《台湾地区消费警讯制度的生成、现况及其启示》,《华东经济管理》2010 年第 7 期。

徐信贵:《政府公共警告的法律效力来源》,《重庆行政》2014 年第 1 期。

徐信贵:《政府公共警告的权力构成与决策受限性》,《云南行政学院学报》2014 年第 2 期。

徐信贵:《政府公共警告制度研究——以中国公共警告制度宏观构建为研究主线》,《太原理工大学学报》(社会科学版) 2010 年第 3 期。

徐信贵、康勇、高长思:《论食品安全风险警示行为的行政自制》,《重庆理工大学学报》(社会科学版) 2017 年第 3 期。

杨建顺:《行政裁量的运作及其监督》,《法学研究》2004 年第 1 期。

杨解君:《当代中国行政法(学)的两大主题——兼答王锡锌、沈岿同志》,《中国法学》1997 年第 5 期。

杨明亮等:《西方国家食品安全体系改革的动态》,《公共卫生与预防医学》2005 年第 2 期。

杨小敏：《欧盟和中国食品安全风险评估的独立性原则之比较》，《行政法学研究》2012 年第 4 期。

尹建国：《论"理想言谈情境"下的行政参与制度》，《法律科学》2010 年第 1 期。

应飞虎、涂永前：《公共规制中的信息工具》，《中国社会科学》2010 年第 4 期。

应松年：《新时代行政法治建设的内容、经验与展望》，《中国司法》2022 年第 2 期。

于杨曜：《论食品安全消费警示行为的法律性质及其规制——兼论〈食品安全法〉第八十二条之法理解析》，《学海》2012 年第 1 期。

余军：《行政法律行为理论的梳理与界别》，《求索》2004 年第 9 期。

余凌云：《对行政自由裁量概念的再思考》，《法制与社会发展》2002 年第 4 期。

禹竹蕊：《论行政机关的违法信息披露》，《广西大学学报》2012 年第 6 期。

张恩典：《风险规制正当程序：意义阐释与类型分析》，《天府新论》2017 年第 6 期。

张锋：《日本食品安全风险规制模式研究》，《兰州学刊》2019 年第 11 期。

张海柱：《食品安全风险治理中的科学与政治：欧盟经验与启示》，《自然辩证法通讯》2019 年第 4 期。

张惠君：《论析日本消费者保护行政体系》，《消费者保护研究》1997 年第 3 期。

张明军、赵友华：《突发公共疫情依法治理的逻辑》，《法学》2020 年第 3 期。

张琴：《智慧城市治理中个人信息的权益解析和权利保护》，《南京社会科学》2020 年第 11 期。

张融：《试论个人信息权的私权属性——以隐私权与个人信息权的关系为视角》，《图书馆建设》2020第2期。

张桐锐：《谈行政机关对公众提供资讯之行为》，《成大法学》2001年第2期。

章剑生：《行政诉讼原告资格中"利害关系"的判断结构》，《中国法学》2019年第4期。

章志远：《〈行诉解释〉对行政审判理念的坚守和发展》，《法律适用》2018年第11期。

章志远：《法定行政程序的扩张性解释及其限度——最高人民法院6号指导案例之评析》，《浙江社会科学》2013年第1期。

章志远、鲍燕娇：《食品安全监管中的公共警告制度研究》，《法治研究》2012年第3期。

章志远、鲍燕娇、朱湘宁：《作为公共警告的行政违法事实公布》，《河南司法警官职业学院学报》2012年第2期。

赵鹏：《风险社会的自由与安全——风险规制的兴起及其对传统行政法原理的挑战》，《交大法学》2011年第1期。

赵鹏：《知识与合法性：风险社会的行政法治原理》，《行政法学研究》2011年第4期。

赵颖：《论公共应急行政补偿——以范围和程序为主》，《理论与改革》2012年第1期。

周汉华：《美国政府信息公开制度》，《环球法律评论》2002年第3期。

周雷：《营业自由作为基本权利：规范变迁、宪法依据与保护范围》，《中国法律评论》2020年第5期。

周佑勇：《行政裁量的均衡原则》，《法学研究》2004年第4期。

周佑勇、朱峥：《风险治理现代化中的公民知情权保障》，《比较法研究》2020年第3期。

朱春华：《公共警告与"信息处罚"之间的正义——"农夫山泉砒霜门事件"折射的法律命题》，《行政法学研究》2010年第3期。

朱春华：《公共警告与信息惩罚之间的正义》，《行政法研究》2010年第3期。

朱春华：《美国法上的"负面信息披露"》，《比较法研究》2016年第3期。

朱春华、罗鹏：《公共警告的现代兴起及其法治化研究》，《政治与法律》2008年第4期。

朱应平：《风险社会的民生建设与能动性公法的应对》，《华东政法大学学报》2011年第6期。

四 文集类

Vern R. Walker：《风险规制与不确定性的多种面貌》，金自宁译，载《行政法论丛》第12卷，法律出版社2009年版。

戴果：《风险规制与司法救济：论公共警告国家赔偿责任的落实——以食品安全为视角》，载贺荣主编《深化司法改革与行政审判实践研究（下）——全国法院第28届学术讨论会获奖论文集》，人民法院出版社2017年版。

何海波：《中国行政法学研究范式的变迁》，载《行政法论丛》（第11卷），法律出版社2008年版。

李佳：《公共警告及其法律规制》，载胡建淼《公法研究（第八辑）》，浙江大学出版社2010年版。

宋华琳：《风险规制中的专家咨询——以药品审评为例证》，载《行政法论丛》第12卷，法律出版社2019年版。

王建林、伍玉联、杨孝平：《论类型理论下国家精神损害赔偿标准的建构——以H省102份案例为样本的实证分析》，载《公正司法与行政法实施问题研究——湖南省法院系统第十一届理论研讨会论文集》，湖南人民出版社2014年版。

魏治勋：《法律解释的方法性原则——对四种法律解释方法性原则之方法属性的辩驳与重构》，载《人大法律评论》2016年卷第3辑。

杨铜铜：《体系解释的思维依据》，载陈金钊、谢晖主编《法律方法》（第22卷），中国法制出版社2017年版。

［英］约翰·亚伯拉罕：《渐进式变迁——美英两国药品政府规制的百年演进》，宋华琳译，载《北大法律评论》第4卷第2辑，法律出版社2002年版。

［美］约瑟夫·P. 托梅恩、西德尼·A. 夏皮罗：《分析政府规制》，苏苗罕译，载《法大评论》第三卷，中国政法大学出版社2004年版。

郑琳：《论行政形式作为下的实质不作为——基于实证的分析》，载《公法研究》第20卷，浙江大学出版社2020年版。

周海源：《回应型行政审判的方法论指引》，载陈金钊、谢晖主编《法律方法》（第22卷），中国法制出版社2017年版。

周汉华：《行政行为概念辨析——政策制定、独立监管与行政执法职能的区分》，载应松年、马怀德主编《当代中国行政法的源流：王名扬教授九十华诞贺寿文集》，中国法制出版社2006年版。

朱春华：《公共警告的概念确立与管制分析》，载《行政法论丛》第12卷，法律出版社2009年版。

朱应平：《功能适当原则是解释宪法国家机关权力条文的最佳方法》，载《法律方法与法律思维》2012年。

［德］迪特儿·格林：《宪法视野下的预防问题》，载刘刚编译《风险规制：德国的理论与实践》，法律出版社2012年版。

［美］奥利·洛贝尔：《作为规制治理的新治理》，宋华琳、徐小琪译，载冯中越《社会性规制评论》第2辑，中国财政经济出版社2014年版。

五　学位论文类

陈晋华：《行政机关发布负面信息的法律控制研究——以美国食品药品监管为例》，博士学位论文，上海交通大学，2014年。

邱悦：《食品安全公共警告的违法判断标准》，硕士学位论文，浙江大学，2017年。

朱建庚：《海洋环境保护中的风险预防原则研究》，博士学位论文，中国政法大学，2005年。

六　报纸类

Sheila Kaplan：《FDA将加强医疗器械安全风险警告》，欧文编译，《医药经济报》2016年1月20日。

卜云彤等：《"砷超标"检测结果前后打架谁之过》，《人民日报》2009年12月3日。

范维澄：《健全公共安全体系，构建安全保障型社会》，《人民日报》2016年4月18日。

和音：《特殊时期最宝贵的人权保护——抗击疫情离不开命运共同体意识》，《人民日报》2020年4月16日。

江必新：《关于行政诉讼中的原告资格问题》，《人民法院报》2000年5月11日。

靳诺：《把中国制度优势更好转化为国家治理效能》，《人民日报》2021年1月13日。

克里斯托弗·安济士：《关于美国消费品安全委员会》，《中国贸易报》2008年10月9日。

李翔：《"砒霜门"充满疑虑》，《经济观察报》2009年12月7日。

戚建刚：《政府在突发事件应对中负有法律责任》，《中国社会科学报》2015年3月18日。

行者：《权力清单的能与不能》，《法制日报》2015年3月26日。

杨建顺：《授益性行政行为也要做到依据合法》，《检察日报》2020年1月20日。

贾振：《建地震预警管理法律制度——全国政协委员李小军、刘春平建议》，《中国应急管理报》2019年3月13日。

张永和:《中国疫情防控彰显人权保障》,《学习时报》2020年3月20日。

章志远:《新时代中国行政法学研究的转型》,《中国社会科学报》2018年3月21日。

七 外文论文论著类

[日]芝池义一、小早川光郎、宇贺克也编:《行政法の争点》,有斐阁出版社2004年版。

Alfred C. Aman, Jr. & William T. Mayton. Administrative Law, Saint Paul, West publishing, (2001).

Cass R. Sunstein, Laws of Fear: Beyond the Precautionary Principle, Cambridge University Press, 2005.

Celia M. Gonzalez, Tom R. Tyler, "Why Do People Care about Procedural Fairness? The Importance of Membership Monitoring", in Kjell Tornblom and Riel Vermunt (ed.), Distributive and Procedural Justice: Research and Social Applications, Ashgate Publish Company, 2007.

Donald J. Kochan, The Commenting Power: Agency Accountability through Public Participation, 70 Okla. L. Rev. 601–622 (2018).

Elizabeth Fisher, Risk Regulation and Administrative Constitutionalism, Hart Publishing, 2007.

Ernest Gellhorn, Adverse Publicity by Administrative Agencies, 86 Harv L. Rev. 1380, 1413 (1973).

Fisher, Risk Regulation and Administrative Constitutionalism, Hart Publishing, 2007.

Gregory N. Mandel, James Thuo Gathii, Cost-Benefit Analysis Versus the Precautionary Principle: Beyond Cass Sunstein's Laws of Fear, University of Illinois Law Review, 2006.

James O'Reilly, Libels on Government Websites: Exploring Remedies for

Federal Internet Defamation, 55 Admin. L. Rev. 507, 525 (2003).

John Braithwaite, The Impact of Publicity on Corporate Offenders, State University of New York Press, 1983.

John C. Reitz, Deference to the Administration in Judicial Review, 66 Am. J. Comp. L. 269 (2018).

Jonathan R. Siegel, The Constitutional Case for Chevron Deference, 71 Vand. L. Rev. 937 (2018).

Kelly Blevins, FDA's Use of Negative Publicity as an Enforcement Mechanism, Harvard Law School, Third Year Paper, May 13, 2003.

Leon Liu, The FDA's Use of Adverse Publicity, Food & Drug Law, February 2, 1998.

Mathendra P. Singh, German administrative law in common law perspective, 2 edition, Springer, 2001.

Michael R. Lemov, National Commission on Product Safety, 37 George Washington L. Rev. 63 (1968).

Nathan Cortez, Adverse Publicity by Administrative Agencies in the Internet Era, Brigham Young University L. Rev. (2011).

Ronaid Dworkin, Law's Empire, Harvard University Press Cambridge, Massachusetts, 1986.

S. Crook, J. Pakulski, & M. Waters, Postmodemization: Change in Advanced Society, Sage Publications, 1992.

Sarah Taylor Roller, Raqiyyah R. Pippins, Jennifer W. Ngai, 64 Food & Drug L. J. (2009).

Soames Job, Effective and Ineffective Use of Fear in Health Promotion Campaigns, 78 Am. J. Pub. Health, 1988.

Susan E. Dudley & Brian F. Mannix, Improving Regulatory Benefit-Cost Analysis, 34 J. L. & Pol. 1 (2018).

The Office of Information and Regulatory Affairs, Disclosure and Simplification as Regulatory Tools, Memorandum for the Heads of Executive Departments and Agencies, June 18, 2010.

Theodore J. Novak, Brian W. Blaesser, Thomas F. Geselbracht, Condemnation of Property: Practice and Strategies for Winning Just Compensation, Wiley Law Publications, John Wiley&Sons, Inc. (1993).

William W. Vodra, Nathan G. Cortez & David E. Korn, 61 Food & Drug L. J. 623 (2006).

后　　记

本书是在作者承担的国家社会科学基金项目的基础上，在通过国家社科办组织的鉴定结项后，将主要成果进行完善后形成本书。

本书针对中国公共警告利害关系人权益保障的现状与存在的问题，构建具有中国特色的公共警告利害关系人权益保障的理论和制度。

本书的创新性主要体现在：一是研究视角的创新。虽然，目前学界对公共警告问题研究的很多，但是，从公共警告利害关系人权益保障视角来系统性研究如何规范公共警告权的比较少。本书系统性地研究公共警告利害关系人权益保障的理论和制度，拓展了研究公共警告的新领域，研究视角相对较新。二是研究内容的创新。本书以解决公共警告利害关系人权益保障制度和实践中存在的问题为导向进行系统性研究。其一，创新性地论证公共警告中新型互动式法律关系的生成和发展。行政权力天生扩张的天性决定了在规范公共警告权有效行使的同时，需注重相关利害关系人的权利保障，而利害关系人在维护其合法权益的过程中的积极参与以及利益诉求的主张，又能对公共警告权形成有效的监督和规范。因此，本书创新性地论证公共警告发布主体与利害关系人之间权力与权利以及利害关系人之间权利与权利关系在现实博弈中的良性互动，促进公共警告中新型互动式法律关系的生成和发展。其二，创新性地论证平衡保护公共警告中的公共利益与特定利害关系人权益。公共警告具有不同于传统行政行为的特点，公共警告的目的是为了保障公共安全以及公众的权益，但也会对特定利害关系人的权益造成损害，因此，应当平衡这两者的权益。本书创新性地运用风险规制的理论去论证如何平衡保护公共警告中的公共利益与特定利害关系人权益，并借助于"助推"理论，将公共警告归为"教育助推"的一种方式进行论证，完善公共警告利害关系人权益保障的分析框架。其三，创新性地论证公共警告利害关系人权益的事前和事后保障。本书在系统梳理中国公共警告利害关系人权益保障实践存在的不足及成因的基础上，创新性地论证公共警告利害关系人权益的事前和事后保障。尤其是创新性地论述公共警告的适用条件、发布内容等实体要件，从公共警告对利害关系人权益造成损害的现实问题出发，运用法律方法论研究公共警告案件的可诉性、原告资格、司法审查方法等司法救济问题。其四，创新性地运用行政过程论构建公共警告利害关系人权益的程序法保障体系。本书创新性地运用行政过程论对公共警告利害关系人权益保障的全过程进行全面、动态地观察。通过正当程序原则的运用、多元主体的有效参与以及运用时空因素规范公共警告权，构建公共警告利害关系人权益的程序法保障体系。

感谢所有帮助过我的师长、友人、亲人。

感谢中国社会科学出版社许琳老师对本书的付出，许老师在每一个环节都体现了严谨和专业。

由于作者的水平有限，本书的不当之处还请各位读者朋友批评指正。